Yohei Yamaguchi 山口揚平

# 1日3時間だけ働いておだやかに暮らすための思考法

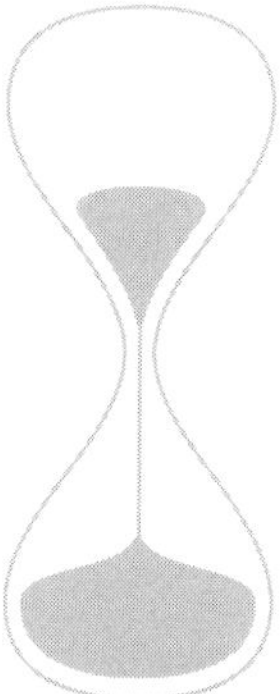

プレジデント社

# はじめに

本を読まなくなって久しい。

ウェブで細切れの情報が氾濫《はんらん》し、仕事や家庭に追われて本を読む時間が取れなくなっている。本をじっくり読むための集中力もじわじわと失われている。本は読みたいが読めない、そんなふうに感じている人も多いと思う。

だからこの本を手に取ってくれた人は、貴重な（奇特な？）読書好きだろう。

たしかに本の役目は変わりつつある。情報や知識といったコンテンツを伝える役目はウェブに移った。本は、内容を伝えるメディアではなく、それを読んでいるプロセスを通して文章のリズムやハーモニーを楽しむ〝アート〟となりつつある。まるで写真が発明されてから画家が対象を写実することをやめ、モネやピカソが心象風景の表現へとシフトしたように。

さて、本書の目的は、「考える」ということを新しく定義し直し、それを伝えることにある。昨今のＡＩやロボットの隆盛、または仕事の生産性を高めようという背景から、人間に与えられた最後の武器である「考える」力を養おうという動きが加速している。

皆さんも職場で、上司から「考えろ、考えろ」とハッパをかけられることは多いと思う。しかし実際のところ、「考えるとは何か？」が本当にわかっている人はわずかであろうし、ましてやそれをひと言で伝えることは難しい。

そこで本書では、考えるとはどういうことかを〝感じる〟ことができるように書いた。本書は読む本というより〝浴びる〟本である。本書を読み進めることで、**読者は自然と自分の抱えている問題が解決されていくのを実感できる**と思う。

かつてアインシュタインは言った。「あらゆる問題はそれが起こったことと同じ次元で解決することはできない」と。たとえば、お金の問題や恋愛の試練はそれ自体について悩んでいても解決することはない。それより一つ上の次元、つまり人生という視点からお金や恋愛を捉え直したときにはじめて氷解するものだ。

思考は趣味の世界にすぎないと考える人もいるかもしれない。だが自分の力で考えられるようになると、悩みや不安が消えたり、社会の同調圧力や周囲に振り回されなくなったり（特に投資や起業など人と逆のことをやるときに役立つ）、仕事でも成果を挙げやすくなる。**100あるタスクの中から、本当に行うべきたった一つの答えが見つかる**。その本質を見抜くことは簡単ではないが、いわばコスパが最も高い方法である。私は今、1日の仕事時間を3時間と決めているが、10年前と比べ、その成果は3倍になっている。

私は自分をいわゆる頭が良い人間とは思っていない。決して頭の回転も良いとは言えない。ただ、物事を全体的に捉え、複雑に絡み合う情報を整理して有機的なシステムとして再構築する術には多少長けているのだと思う（だからこの本を書いた）。

本書の役割は、思考の技術を伝授することではなく、読むプロセスを通して読者の意識を上下左右、様々な方向に誘うことにある。本書を通じて読者の個人的な問題を解決可能な課題へと導いていければ幸いである。

山口揚平

# 第1章 思考力はAIを凌ぐ武器になる

# 第2章 短時間で成果を出す思考の技法

# 第1章

# 思考力はAIを凌ぐ武器になる

# 思考は情報に勝る

「なぜ、大半の高層ビルはガラス張りなのか？」

素朴な疑問だが、その答えを知っている人は少ない。ガラス張りはデザイン的に良いからなのか、いつでも取り替えられるからなのか。いずれも間違いではないが、本当の理由はもっと単純で、ビル全体を軽量化できコストを下げられるからだ。

コンクリートでビルを形成するとビル全体が重くなり、それを支えるために膨大なコストがかかる。ガラスを用いればビルを軽くできる。

ただ毎日をなんとなく暮らしている都会人は、この素朴な疑問に答えられないだろう。ビル自体が日常風景の中に溶け込み、疑問にすら思わないからである。

しかし、地方から東京に遊びにきた子どもが高層ビル群を眺めたら、「なんでガラス張りの建物ばかりなの？」と思うだろう。そしてその解を手元のスマホで探すことになる。今の時代、解は調べればすぐにわかる。

地方の人が都会の風景に関心を持つように、実は物事と距離を置くことはとても価値がある。しかし私たちは目の前の仕事と日常につい追われ、時間を消費し、本当に解くべき問いを間違える。

日本全体の問題は、少子化でも高齢化でもない。私たち現役世代の、正しく問いを立てる力の低下にある。

「解を問う」のが20世紀の教育だったならば、**「問いを問う」のが21世紀の教育**であろう。だから私たちはもっと旅に出て、外の世界から考えなければいけない。

グーグルはいつでも解を教えてくれるが、問いは教えてくれないからだ。

## 「頭が良い」の定義が変わった

「頭が良い人」と聞くと、あなたはどのような人を思い浮かべるだろうか。

20世紀は「頭が良い人」と言えば、高学歴の人や知識が豊富な人を指した。パソコンにたとえればハードディスクの容量が大きい人である。

だが量販店に行けば1テラバイトのハードディスクが数千円で買える今、知識や情報の物量に価値はない。むしろ過去の思い出や使う予定のない情報がいっぱい詰まったハードディスクはジャンクであり、どんどん捨てていく必要がある。

「頭の良さ」は、20世紀から21世紀で変化している。思考力や想像力が重要になり、情報や知識などのハードディスクは重要ではなくなっているのだ。

かつてはウルトラクイズなど、知識が豊富であれば人気者になることができたが、これからは情報量より、いつでもグーグルを検索して答えを引き出せる「うろ覚え力」が大切になる。短期記憶力よりも、人に何でも聞ける「愛嬌《あいきょう》力」のほうが必要だ。

また思考力・想像力を養うことができれば、「問いを問う力」や「つながりを見出す力」、「物事をイメージする力」、さらには「ストーリーテリング力」など、幅広い能力を培うことができる（図1）。

## 図1　21世紀の「頭の良さ」

・求められる能力は、メモリーやハードディスクの容量から「思考力・想像力」へとシフトする
・鍛えるべきは、「愛嬌力」や「うろ覚え力」である

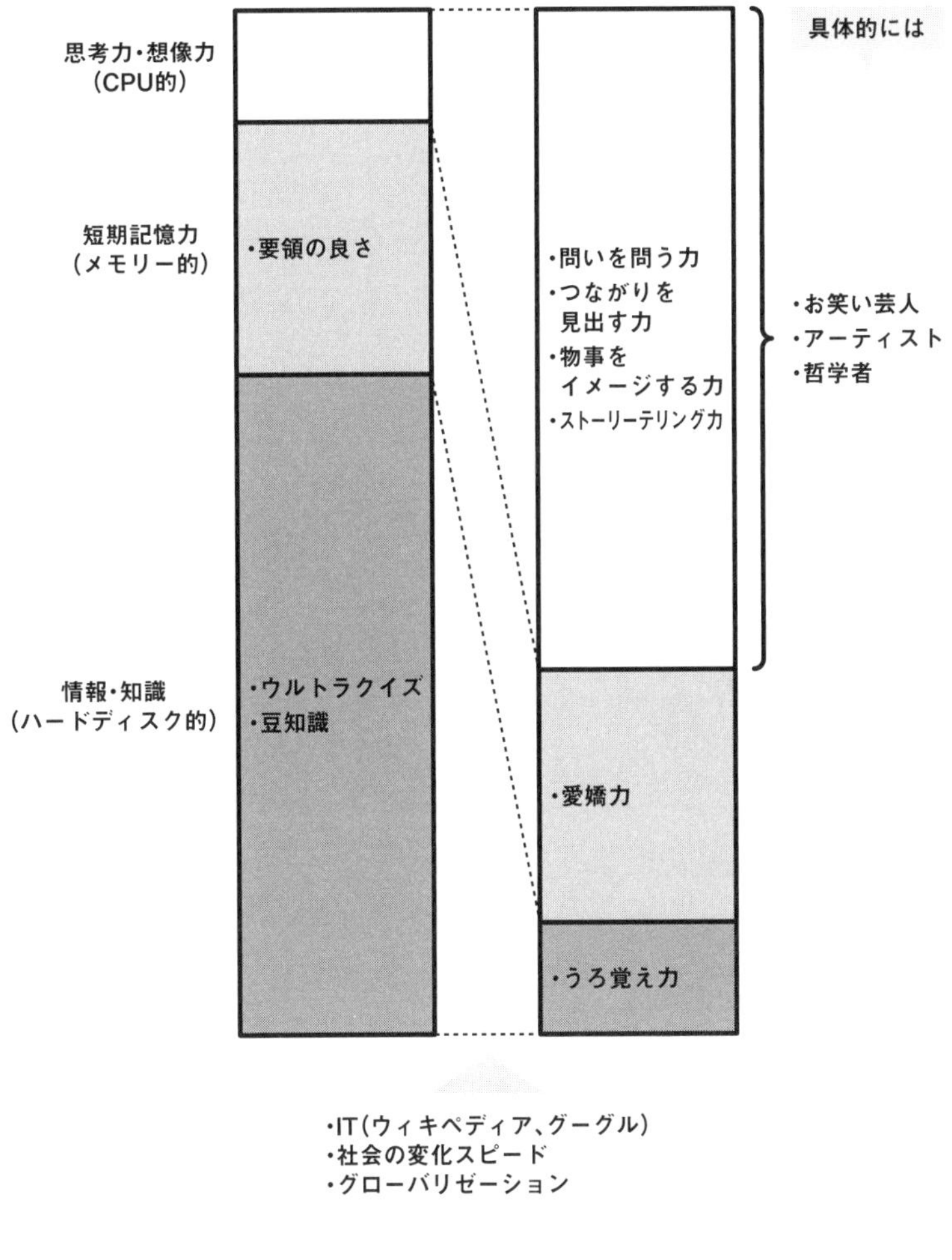

## 現代日本で最も賢いのは芸人である

こう考えると現代の日本で最も賢いのは大学教授や政治家、官僚、大企業の役員やベンチャー起業家ではないように思われる。たしかに彼らは知的かもしれないが、真に賢い（ストリートスマート）のは「お笑い芸人」だと私は考える。

芸人の多くは学歴を重視しないから知識や情報こそ少なくても、それらを組み合わせて本質を見出し、物語として人に伝え、受け入れてもらう（笑ってもらう）というあらゆる思考ができる。

ビートたけし氏の例はもちろん、芥川賞作家の又吉直樹《またよしなおき》氏や劇団ひとり氏、バカリズム氏と、様々な芸人が漫才・コント・MC・脚本・物語作家・映画監督・役者を器用にこなす。その知性は、前ページの図1に挙げた「つながりを見出す力」であり、「物事をイメージする力」、さらには「ストーリーテリング力」と合致する。

5万人以上と言われるお笑い芸人とその志望者のうち、その1000分の1のわずか50人程度がテレビで活躍する現状を見ると、彼らの優秀さがうかがい知れる。

# 発明家が仕事よりも大切にしていること

20世紀までがハードディスク（情報・知識）主体の時代だったとすれば、21世紀はCPU（思考力・想像力）が主体になる時代である。

これからの時代はハードディスクから解を抜くのではない。問いそのものを問い直す必要があるからだ。問いを問い直すことはたやすいことではない。常に考え続ける必要があるし、流れに逆らうことでもあるから、苦痛な作業である。

ここでフォード社の創業者、ヘンリー・フォード氏の逸話を紹介したい。

あるとき、知識人と呼ばれる人たちがフォード社を訪れた。フォード氏は落ち着いて「皆さん、どのような質問でも良いです。答えてご覧に入れます」と言った。

小学校しか出ていないフォード氏の無知さを晒《さら》そうと、知識人が次から次へと質問を浴びせると、フォード氏はおもむろに電話を取り上げて、部下を呼びつけた。

そしてそれらの質問にあっさりと答えさせてこう言った。

「私は何か問題が起こったら、非常に優秀な、私よりも頭の良い人を雇い、答えを出させます。そうすれば、自分の頭はすっきりした状態に保つことができますから。そして自分はもっと大事なことに時間を使います。それはたとえば、『考える』ということなのです」

つまりフォード氏の本当のメッセージは、**「考えることは過酷な仕事だ。だからそれをやろうとする人がこんなにも少ない」**ということだ。

常識に果敢に挑戦し、発明や発見を行う人物に共通するのは「考える」ことであり、決して知識や情報量の多さではない。

## 知識があればコストが下がる

20世紀にお金を生むのは知識だった。そう指摘したのは経営学者のピーター・ドラッカー氏だ。21世紀では知識はお金を生まないだろう。知識は誰でも手に入る。お金を生むのは社会的関係（信用）である。ただ**21世紀、知識はあらゆるコストを下げるために使われる。**健康に関する知識があれば治療費や保険料が下がるのは言わずもがな、確かな知識と情報は購買にかけるコストをも下げる。

たとえば先日、私はスーツを新調することにした。ファッションに疎《うと》いので周囲にアドバイスを求めたら、どうやらエルメネジルド・ゼニアのスーツが最近評判が良いことがわかった。早速お店に行って値札を見たら、普段見るものより桁が一個多い。外見は信用力に影響するので妥協すべきではないが、さすがに50万円は予算オーバーだ。そこで私はスーツに関する情報をグーグルから拾い出した。

スーツは、いわゆるイタリアブランドも東欧で縫製されているのが主であるし、結局のところ、型と生地と縫製の組み合わせで成り立っている。ならば既成品をそのまま買うのではなく、個別に入手して自分で組み合わせたほうが安いと考えた。

私は同じ銀座にあるオンワードのオーダーメイドの店へ向かった。店員に聞くとゼニアの型もあるし、ゼニアの生地（そもそもゼニアは生地メーカーである）を周辺のデパートから取り寄せることもできると言う。

こうして私は、ゼニアで買うのと変わらないスーツを半値で手に入れることができた。違いは縫製とタグがゼニアのものではないことだが、本当にタグが必要なら、どこかのショッピングサイトで調達できるだろう（その必要は感じないが）。50万円のブランド品を25万円で手に入れることができたのは、知識があったのと少しばかり考えた（スーツの購入に必要なプロセスを分解して個別に発注した）からにすぎない。

個別の部品知識と組み合わせの方法さえ知っておけば、現代ではあらゆる高額製品（たとえば家や家具、車、会社の経営資源など）をそのまま買う必要はない。**21世紀において、知識はお金にならないが、コストを下げることができる**のだ。

## 情報量が増えると人は考えなくなる

情報を軽視するつもりはない。だが「思考>情報」を若い頃から徹底し、実践している経験から、思考は情報に勝ると思う。情報はあくまでも思考のための〝潤滑油〟である。情報はあくまでも思考の素材であり、目的ではないのだ。

世の中は超情報化社会と言われるが、**情報量が増えれば増えるほど人は思考しなくなる**。これを私は「思考と情報のパラドクス」と呼ぶ（図2）。

## 図2　思考と情報のパラドクス

・情報が増えるほど人は考えなくなる
・情報流入は制限し、常に「思考量＞情報量」を意識することが大切

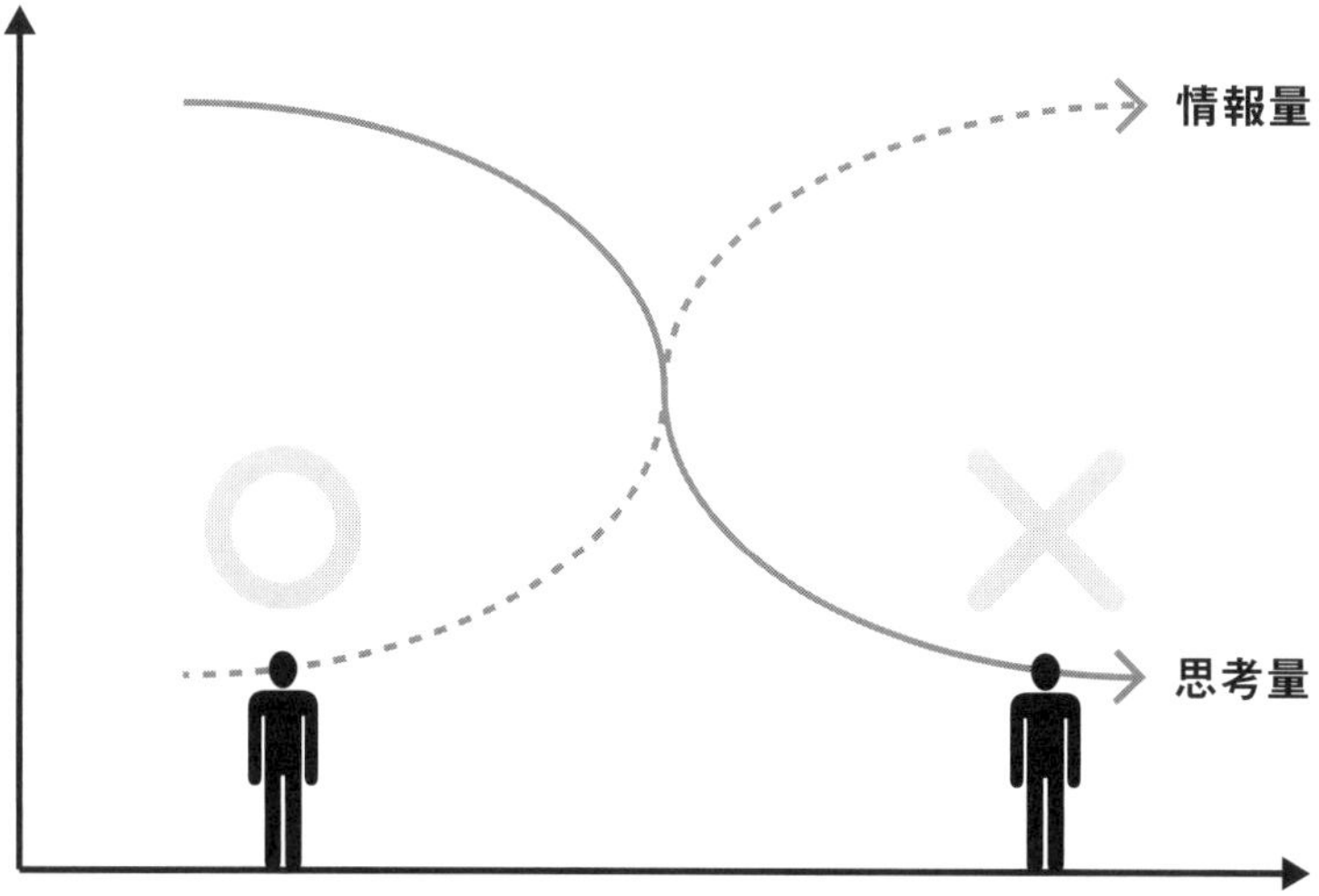


情報量が増えれば増えるほど、
人は「思考」しなくなる

出所：齋藤嘉則・著『新版 問題解決プロフェッショナル
思考と技術』（ダイヤモンド社）より改変

思考を鍛えたいのであれば、情報を減らし、思考の割合を増やすことだ。痩せたいのなら筋トレ（思考）の前に炭水化物（情報）を控えろ、と言われるのに似ている。後に詳しく説明するのでここでは簡単に述べるが、思考の正体とは「意識を自由に動かすこと」にある。人の意識は有限なのに、むやみに情報を取り入れてしまうと、意識はそれらの情報と結合してしまう。これが「固定観念」というものである。

情報はスポンジのように意識を吸い尽くす「毒」でもある。**毒となる情報に意識が囚われると、頭がカチコチに固まってしまう**のだ。

賢い人というのは頭が柔らかい人であり、それは意識が自由な状態の人を指す。情報に意識が絡め取られておらず、ニュートラルな状態にあるとも言える。だからこそ自由に意識を漂わせ、前提を疑い、問いを改めることができるのだ。

## 「情報デトックス」で強制的に思考する時間を作る

こうした理由で私は、22歳の頃から新聞を読んでいない。もちろん必要な情報があればしかるべき人に聞き、新聞のデータベース検索も使って情報を取りに行く。

最先端の情報も入手する。

だが、今の記事はそもそもピントが合っていないと思われるし、事実かどうかすらわからない。新聞とは毎日軽トラックで化学調味料満載の不健康な食材を運んでいるようなものであり、思考活動の妨げになると考えている。

もし情報の洪水から逃れたいのなら、**一定期間、情報を遮断すること**だろう。これを「情報デトックス」と言う。日本語の通じない海外に行くのも良いし、ネット回線がつながらない山奥の湯治場《とうじば》に身を置くのも良い。情報流入量を常に意識して、「思考量＞情報量」という状態を維持することが大切である。

# 考えるとは何か？

## 考える力を鍛えれば一生食べていける

ＡＩやロボットの台頭によって、我々人間は何をすれば良いのか、人間の本源的な価値はどこにあるのか、改めて問われる時代がきている。

ある人は原始的生活に憧れ、ある人はシステムやテクノロジーに便乗する、そしてある人は悟りや宗教に道を見出すかもしれない。そんな中、私は考えること〝のみ〟を職業の中心に据えている人を「ブレイン・アスリート」と呼んでいる。

糖質制限ダイエットや筋トレブームの昨今、「考える力」を鍛える人が増えている。早朝ヨガやランニングなどを通して身体を鍛える30代ビジネスパーソンと同じようにだ。

ブレイン・アスリートは、普通のアスリートと同様にストイックな生活を送っている。

無駄な情報を自分の意識が引き寄せないように部屋と生活をシンプルにし、新聞やテレビなどを見ない。頭の回転を維持するための食事（特に料理に使う油に気を遣う）、無駄な情報に吸着されてしまった意識をひき剝《は》がすための呼吸やヨガなどもする。

偏見や固定観念を日々ひき剝がすには、筋トレのように練習が必要だ。

決して楽な道のりではないし、この時代を生き延びる最適解とまではいかないかもしれないが、私は「考えること」は、一つの有力な解ではないかと思っている。

**考える力を鍛えることは、一生食べていける力をつけることと同じくらい重要**だと信じているのだ。

# 考える人ほどロジックツリーを使わない

冬季五輪の競技だけで100種目以上あるのと同じように、ブレイン・アスリートの世界にも様々な競技が存在する。学術研究の世界で競う人もいれば、全人口のうち上位2％のIQを持つ人（その団体をメンサと言う）、操る言語の数を増やす人もいる。頭の回転や記憶力を競う人もいる。

私のブレイン・アスリートとしての競技は「メタ思考」であり、端的に言えば抽象と具体の「距離」を競うものだ。運動競技にたとえれば高跳びみたいなものだと思う（メタ思考については、後ほど説明する）。

世の中には思考法のような形で考えるための本はたくさん出ているが、それらのほとんどが「考えるための言葉の使い方」を説明している。

たとえばロジカル・シンキング、あるいはwhy？（なぜ？）やso what？（だからどうした？）を考えろ、というものだ。

たしかに考えるにあたって、これらのツールや言葉は〝補助輪〟の役割を果たすだろう。それをきっかけに、一歩深い言葉や概念も見つけることができる。

だがそれは考えることの本質を示さない。それは思考力を直接的に説明していない。実際、私は考えるときにロジックツリーなどの補助輪をほとんど使わない。ただし考えるトレーニングをするうえで最適なので、本書の第2章で紹介する。

## 「考える」最終目的とは？

では本当の意味で「考える」とは何か？

ここで私は改めて定義する。**「考えるとは、概念の海に意識を漂わせ、情報と知識を分離・結合させ、整理する行為」**である。つまるところ、考えるとは「意識的な行為」なのだ。

考えるとは頭を使うことだと一般に言われているが、そうではない。どういうことかと言えば、意識を使うことである。考えるとは、意識を使って情報を整理することだ。これがブレイン・アスリートの出発点である。そして、**「意識を自由にコントロールすること」こそ、最終的な私たちの目的地**である。

現時点ではわかりにくいかもしれないが、少しずつわかってくると思う。

禅の入門のための絵図に「十牛《じゅうぎゅう》図《ず》」と言われるものがある（図3）。悟りに至るまでの道筋が10枚の絵で表されているもので、自分の牛、つまり本当の自分を探すところから物語は始まる。物語を通して心の内を探りながら自らの本質に気づき、そこから解を得る手法を説いている。従来の問題解決技法は、すべて外の世界をどう観察するかをその前提としていたが、この十牛図では、**自分の内側（意識）の世界をどうコントロールするかに焦点を当てている**。

私が考えるうえで大切にしているメタ思考も、その流れを汲《く》む（30ページの図4）。**メタ思考とは具体的に言えば、対象を一度抽象化して本質に迫り、再度各論に落とす思考のこと**である。思考の幅をできるだけ広く取り、因果・上下関係を整理することで対象を立体化し、最終的にどれだけ本質まで結晶化できたかが勝負となる。メタ思考とは抽象と具体の距離、空間軸の広さ、そして情報と知識の結合能力を競うある種の競技なのだ。

メタ思考における結晶化とは、言葉を再定義することである。言葉を再定義して

## 図3　十牛図

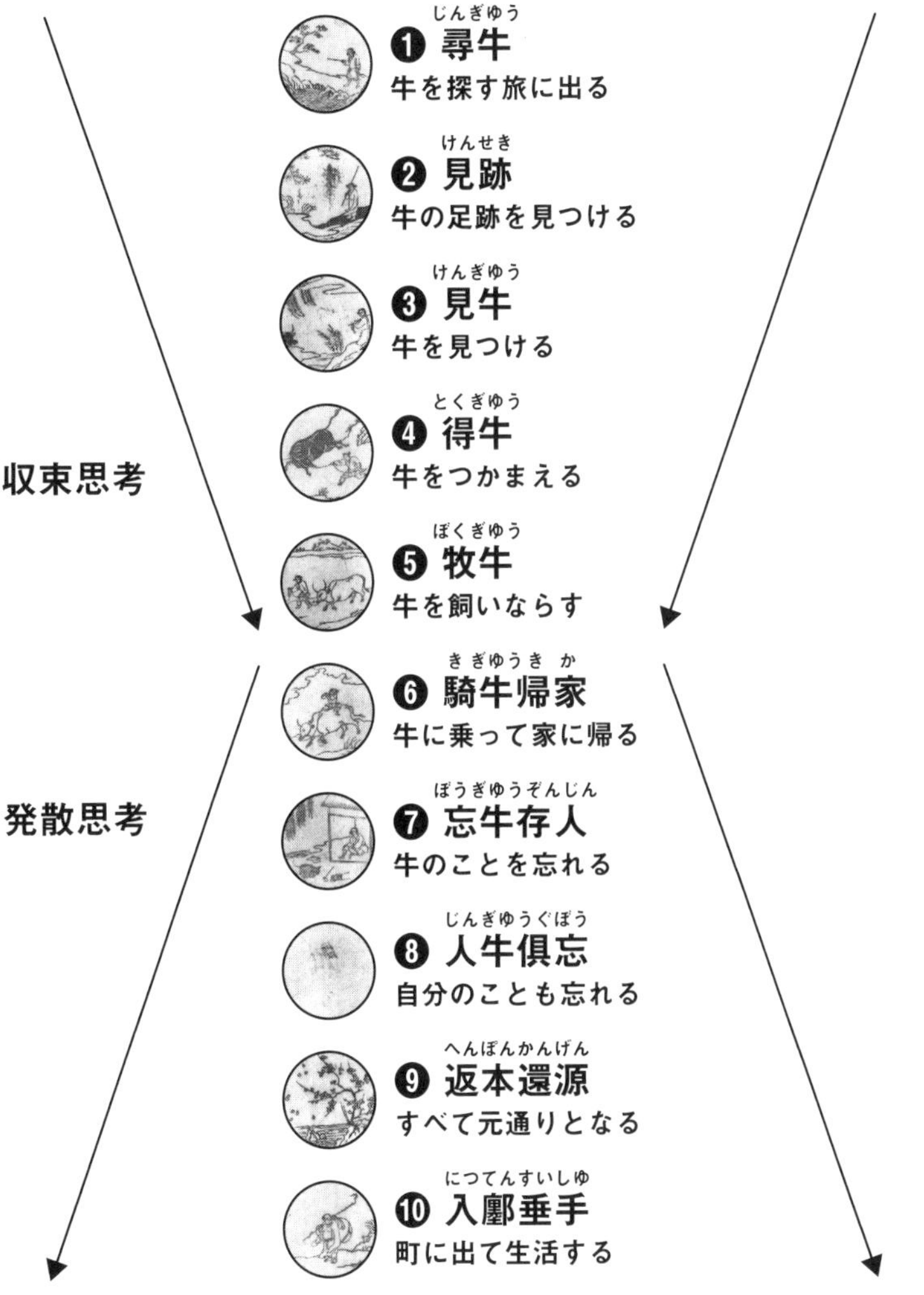

❶ 尋牛《じんぎゅう》
牛を探す旅に出る
❷ 見跡《けんせき》
牛の足跡を見つける
❸ 見牛《けんぎゅう》
牛を見つける
❹ 得牛《とくぎゅう》
牛をつかまえる
❺ 牧牛《ぼくぎゅう》
牛を飼いならす
❻ 騎牛帰家《きぎゅうきか》
牛に乗って家に帰る
❼ 忘牛存人《ぼうぎゅうぞんじん》
牛のことを忘れる
❽ 人牛倶忘《じんぎゅうぐぼう》
自分のことも忘れる
❾ 返本還源《へんぽんかんげん》
すべて元通りとなる
❿ 入鄽垂手《につてんすいしゅ》
町に出て生活する
収束思考
発散思考

## 図4　メタ思考

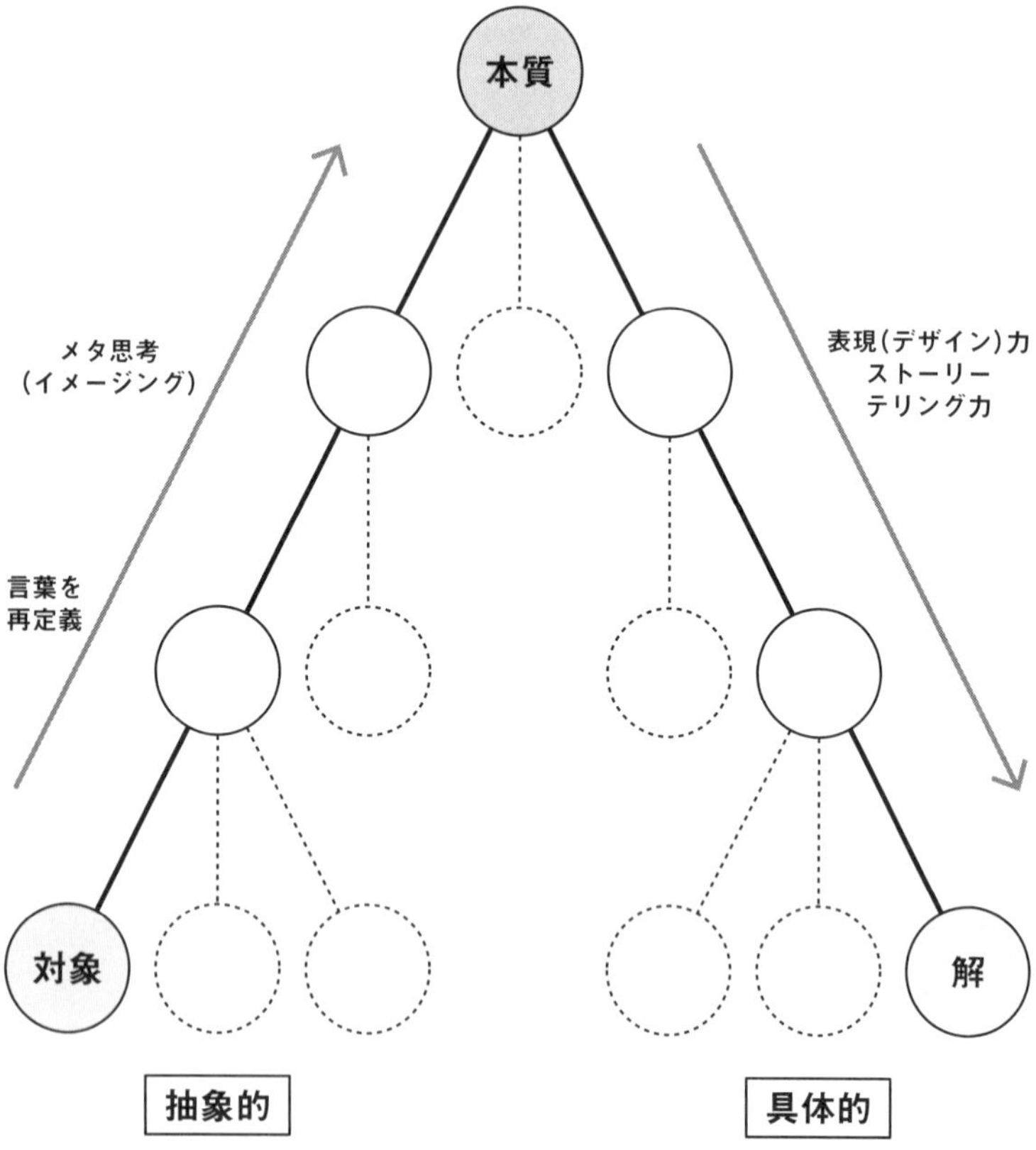


いったん上位概念（メタ）を考えてから
各論に落とし込んでいくのがポイント

いくことで物事の本質を突く。それが思考家である私の仕事であり、読者にも目指してほしいところである。

私はこれまで考えることを仕事にしてから、いくつもの問いを立ててきた。投資とは何か、企業とは何か、お金とは何か、人間とは何か……といった具合である。参考までにそれぞれの再定義と著書を紹介する。

・投資とは「価値と価格の差に賭けること」(『知ってそうで知らなかったほんとうの株のしくみ』、PHP文庫、2013年)
・企業とは「価値を創造するコミュニティ」(『デューデリジェンスのプロが教える企業分析力養成講座』、日本実業出版社、2008年)
・お金とは「外部化された信用」(『なぜゴッホは貧乏で、ピカソは金持ちだったのか?』、ダイヤモンド社、2013年)
・人間とは「情報に吸着した意識の集合体」、生命とは「関係に宿る意識」(ともに『新しい時代のお金の教科書』、ちくまプリマー新書、2017年)
・仕事とは「才能を貢献に変える作業」(『そろそろ会社辞めようかなと思っている人に一人でも食べていける知識をシェアしようじゃないか』、KADOKAWA、2017年)

# なぜ考えるのか？

## 圧倒的に稼ぐ人が実行している〝たった一つ〟のこと

考えるという作業は、情報の波に逆らう行為である。

一見苦しく見えるのになぜそうまでしてするのかと言えば、**考えることは、最も効果的な行為だから**だ。**あらゆる物事に対して使える最強のスキル**とも言える。

考えることについて本格的に考え始める前の私は、圧倒的に稼いでいる人や仕事で卓越した成果を挙げている人を見て「なぜ彼らはそんなに効率的に仕事ができるのだろう？」と思っていた。圧倒的な速さで効率的に仕事を処理する能力を持っているのではないかと考えていたのだ。

しかし、後にこの問い自体が不正解であることに気がついた。彼らは常に、たった一つ決定的に大事なことだけを見抜き、それを確実に実行していたのである。

彼らは決して「効率的」な人たちではなかった。ただ、とても「効果的」なやり方を知っていた。たくさんのことを行うのではなく、**本質を考え抜き、たった一つのことを行うことで、結果的に効率性をもたらしていた。**

彼らは目に見える問題に目を向けることを嫌う。表面的な問題に一時的に対処したとしても、必ず同じ問題が発生することを知っているからだ。すべての問題の裏側には一見、目に見えないものの本質が常に存在している。だからこそ、その一点の追求に時間をかける。ゆっくりと問題の根っこを突き止め、一気に問題の息の根を止めることができるのだ。１００個のタスクをこなすのではなく、**たった一つの最も重要な因子（レバレッジ・ポイント／ホットボタン）を見つけてそこに注力すること、**それが彼らの方法だった（次ページの図５）。

対象を俯瞰し、一見関係のなさそうなものの因果関係（有機性）を見抜き、「本質」を捉えることで行うべきことを極力減らし、成果を高めることができる。

これが考えることの最大のメリットである。

## 図5　失敗の原因は「モグラ叩き」にある

| 普通の人 | 稼ぐ人 |
| --- | --- |
| モグラ（＝表面的な問題）しか見ない | モグラの背景にあるレバレッジ・ポイントを探す |
| ↓ | ↓ |
| モグラは永遠に顔を出し続ける | 問題の原因が早く見つかる |
| ↓ | ↓ |
| 成果が得られない | 成果を得やすい |

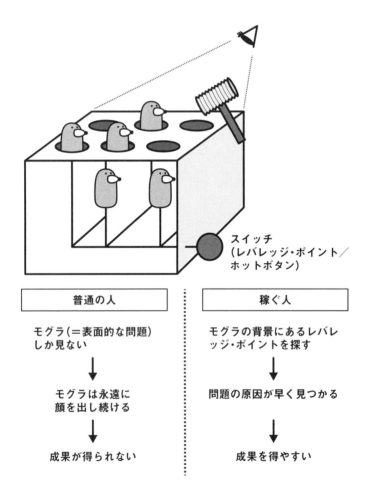

## 考えることこそ最強のスキルである

社会人に求められるスキルは数多くある（次ページの図6）。中でも「考えること」こそ人間の持つ最強のスキルだと確信したのは、ある企業買収のプロジェクトに関わっているときだった。

私は当時、M&A（企業の合併・買収）を専門とするコンサルタントとして働いていた。あるとき、クライアントである投資銀行のトップが私たちコンサルタントの用意した膨大なレポートを前に、こう言ったのだ。

「我々がほしいのは情報や分析ではない。この会社の最もコア（本質的）な価値の源泉は何か？　ただその一つだけだ」と。この問いは奥深い。

会社中のあらゆる情報を集め、分析しても解は見つからない。それらの情報を分離・結合させ、決定的なポイントを洞察しなければならない。しかも情報として言語化・数値化される以前のもの、つまり従業員の表情や上司のログセ、オフィスの配置などから「概念レベル」のものを知覚し、細心の注意を払う作業を伴う。

## 図6　思考はスキルマップの中核をなす

・スキルには色々あるが、その中核が思考である
・その他のスキルを俯瞰し、適切に活用するためにも思考は必要不可欠である

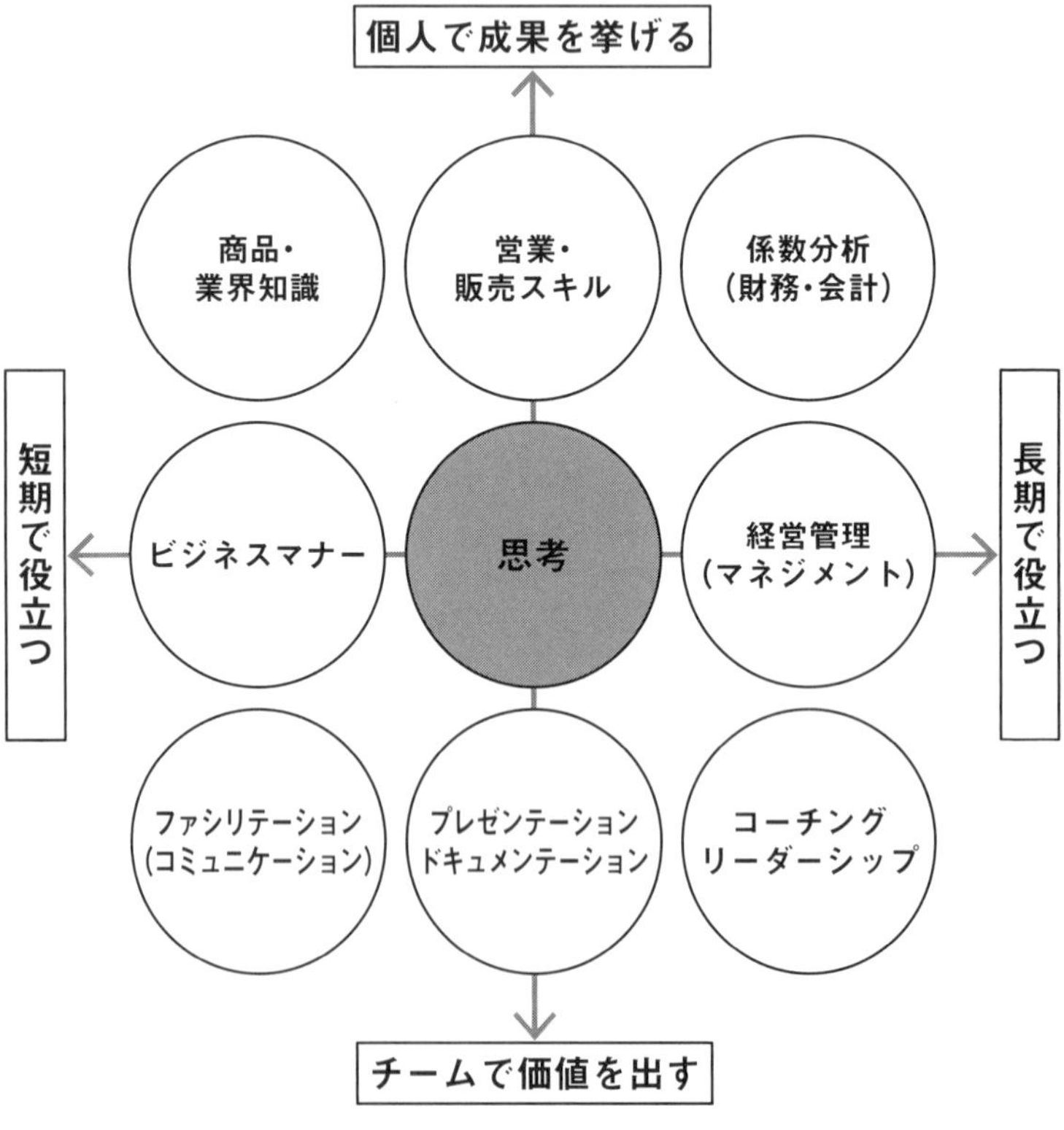

それら何千にもわたる微細なエネルギーを有機・結合してはじめて会社の全体像が立体的に浮かび上がり、その会社の最もコアな価値が見えてくるのだ。

投資銀行トップの言葉をきっかけに、私は「考えること」について深く考えるようになった。そしてそれは、私が今でも思考の軸に置く一つの信念につながった。

つまり**「すべてのものは一見、分かれているように見えるが、実は有機的につながっている。そしてそのつながりの中に潜む本質を問い続けることこそ、最も有効な解を見つける手段である」**ということである。

**効率的に何かを成し遂げたいのであれば、常に考えて最も本質的なことだけに手をつけるべき**である。祖母から「ずつなし（面倒くさがり屋の意）」と言われ続けてきた私にとって、「最も大切なことを一つだけやればいい」と確信できたことは大きな救いになった。

## 考えることは最もコスパの高い行為である

知恵と知識で戦うコンサルティングの世界は、私にとって魅力的だった。

現在ではコンサルティング業界はもう十分に成熟期を迎えていて、業務改革や統計解析のように既存のフレームワークをこなす高級人材派遣業となりがちだが、当時のコンサルタントたちは、ゼロから「考えること」を提供していた。たった一つの本質的な個別解を出すための、いわば「思考職人」だった。

効率は良くなかったが、そこにはプロフェッショナルとしての規律や誇りがあった。上場してお金を得ようなどという発想は微塵《みじん》もなかった。

プロフェッショナルとは、神にプロフェス（宣誓）する職業で、クライアントの利害に左右されず、適切な「問い」を立て、ベストな解を追求するものである。商売であればクライアントの意向や立場に沿って報酬は上下するし、クライアントとの知識の差を使って儲けをふくらませることもできてしまうが、そのようなことはしない。神が（一応）見ている（という前提がある）からである。当時のコンサルタントはそういう矜持を持っていた。私はそれが好きだった。

30歳前後で会社を離れ、起業、事業売却を経て40代となった今の私は、コンサルタントに加え、投資家、事業家、著述家、研究者、教育者など色々な顔を持ち、宇宙開発から劇団経営まで、出資する十数社に関わっている。そのため、分刻みでバリバリ働いているのかと思う人もいるだろうが、そんなことは全くない。むしろその逆だ。

普段の私は日々の考えごとをしているか、寝ているか、人と会っているかのどれかである。本を読むことも少ないし、前述したようにテレビや新聞も見ない。ひたすらただ概念の海の中に意識を泳がせ続け、意識が捕まえる一つひとつの情報を有機化する作業を続けている。そしてそれは数年経つと発酵して本や事業といった形となる。そして働く時間は1日あたり3時間と決めている。それでも毎日不自由なく暮らしていることを考えると、**考えることがいかにコスパの高い行為か**ということを感じてもらえると思う。

## 考えることでロボットやAIに勝てる

「AIが台頭すれば、考えるだけではやっていけないのではないか」などと、AIを脅威に感じる人も多いだろうが、それは問題にはならないと思っている。

**AIは計算は行うことはできるが、思考はしない**からだ。

思考とは意識的な作業であり、意識は次元を超えて漂う。何かアイデアを考えるときも、人間であれば次元の異なるものを組み合わせることができる。一方、ＡＩは同次元で平面上の計算を膨大に行うが、次元は超えられない。そこが人間と決定的に違う。

たしかに効率化や画一化などの20世紀的な課題に対してならＡＩは強いだろう。ＧＤＰが継続的に成長していた20世紀では、問題解決は簡単だった。あるべき姿（Ｔｏｂｅ）と、現状（Ａｓｉｓ）を把握し、そのギャップを問題として捉え、その問題を細かい要素に分解し、無駄を省きながら少しずつゴールを目指すというものだった。

そこで用いる手法は要素還元（要素に分解する方法）と再構成（図７）だ。線のように細長く機械論的・科学的な解決方法が20世紀的問題解決の特徴で、そこでの問題とは定量的なものであった。「目標を立てるなら数値化せよ」という方法である。そして数値化した目標と実態の差を埋めていく。この方法では、人間はＡＩに負ける。

しかし、数値化したところで経済が成長しない。21世紀における問題は、「ある

## 図7　問題解決の「これまで」と「これから」

| | 20世紀 | 21世紀 |
|---|---|---|
| 経済・社会環境 | •GDPは継続的に成長<br>•問題は「マス的」 | •数値化できる経済は成長しない<br>•問題は「個別」のものである |
| 問題 | •問題＝<br>“To be(あるべき姿)”－“As is(現状)”<br>•問題解決＝「差（ギャップ）」の解消 | •問題＝対立<br>(矛盾を望んでいる状態)<br>•問題解決＝一次元上での調和 |
| 問題解決手法 | •要素還元と再構成 | •矛盾の発見、<br>無言の前提の発掘と転換 |

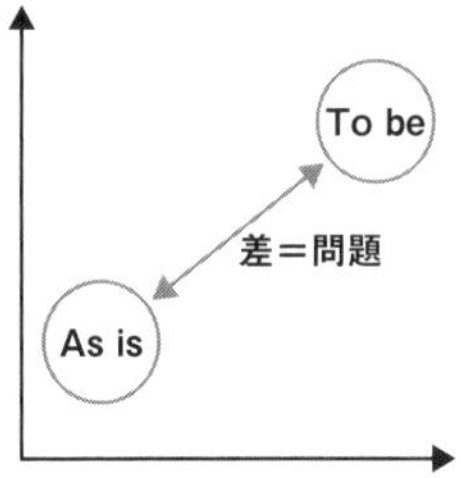


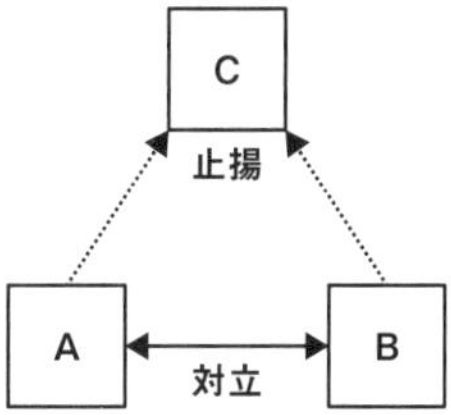


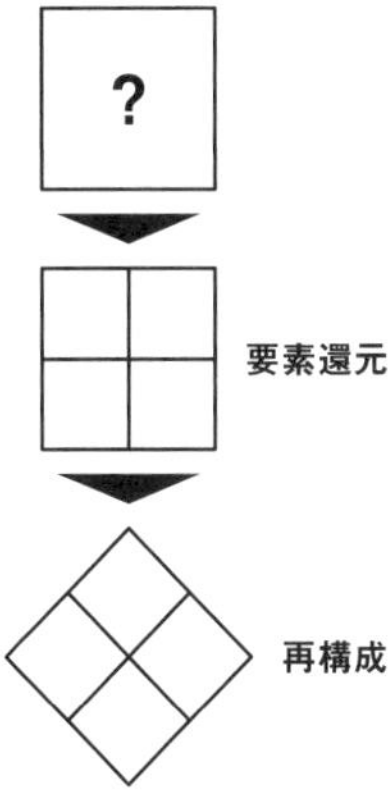


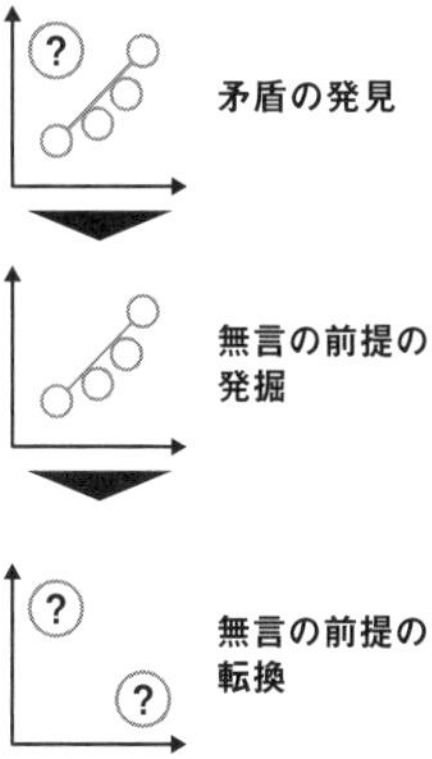

べき姿と現状のギャップ」ではなく、「対立」だからだ。

ここで言う対立とは、人が矛盾の両立を望んでいる状態のこと。そして矛盾とは人がAとBの両者を成り立たせようとして「もがいている」状態であり、AとBを両者とも成り立たせるためには、上位概念のCの発見こそが必要なのである。それが21世紀的問題解決の特徴である。

かつてアインシュタインは次のように言った。

「我々の直面する重要な問題は、それを作ったときと同じ考えのレベルで解決することはできない」

その解決に用いられるのが、止揚《しよう》による調和の実現である。止揚とは矛盾する要素を発展的に統一することであり、ドイツの哲学者であるヘーゲルが弁証法（思考と存在を貫く運動・発展の論理）の中で提唱したものだ。

ここで先ほど紹介したメタ思考が役に立つ。

すでに述べたように、思考とは意識を概念と情報の海に漂わせ、それらを有機的に結合させる作業のことだ。情報を取り入れ続けるのではなく、**取り入れた情報をもとに、意味を見出すべく、つなぎ合わせる**のである。その結果として、従来にない角度や奥行きから解を導くことができる。その解は問題が起こった同じ次元にない。ＡＩや数理計算が進化して量子コンピュータが情報処理速度を上げても次元を超えることはできない。二次元・三次元の空間を最適化できるだけだ。

人が思考するうえで用いる意識をあえて定義するとしたら、それは**次元の枠を超えられる知覚のエネルギー**である。この意識を使って多次元的に情報を結合できるのが我々人間ということだ。

## 考えることで固定観念から解き放たれる

考えるもう一つのメリットとして、「固定観念からの脱却」が挙げられる。**考えることで、凝り固まった考え方から自由になれる**のだ。

私はよく知り合いの経営者や専門家からランチに誘われるが、親睦を深めることが主な目的ではないことを知っている。彼らは、私との対話を通して凝り固まった「思考バイアス」を解きほぐしたいと思っている。だから私は参加者の脳筋をストレッチするパーソナルトレーナーとしてランチに参加する。

思考バイアスとは「固定観念」「信念」「価値観」「思想」「偏見」とも言い換えられる。人はただ生活しているだけで同じ考え方に執着してしまう。これほどやっかいなものはない。これからの時代は、世の中の変化の振り幅もスピードも大きくなるだろう。それにもかかわらず、ガチガチに凝り固まった脳のまま、生き苦しさを感じる人が増え続ける。**思考の役割は、この脳筋を少しずつ柔らかくしていき、1箇所に吸着した意識を解き放つこと**である（図8）。思考によって思想を溶かすのである。

だからそのとき私が行うことは、何かのテーマに関する具体的な私見を述べることではなく、その人が囚われている概念や信念に関して、より上位の視点から疑問のメスを入れることにある。すると自ずと別の選択肢が見えてくるのである。

自殺志願者に対する次の有名な対話がある。

A「もう、限界だ。死にたいです……」
B「そうか。辛いことがあったんだな。ちなみに君は腕立て伏せを20回できるか？」

## 図8　思考家の価値

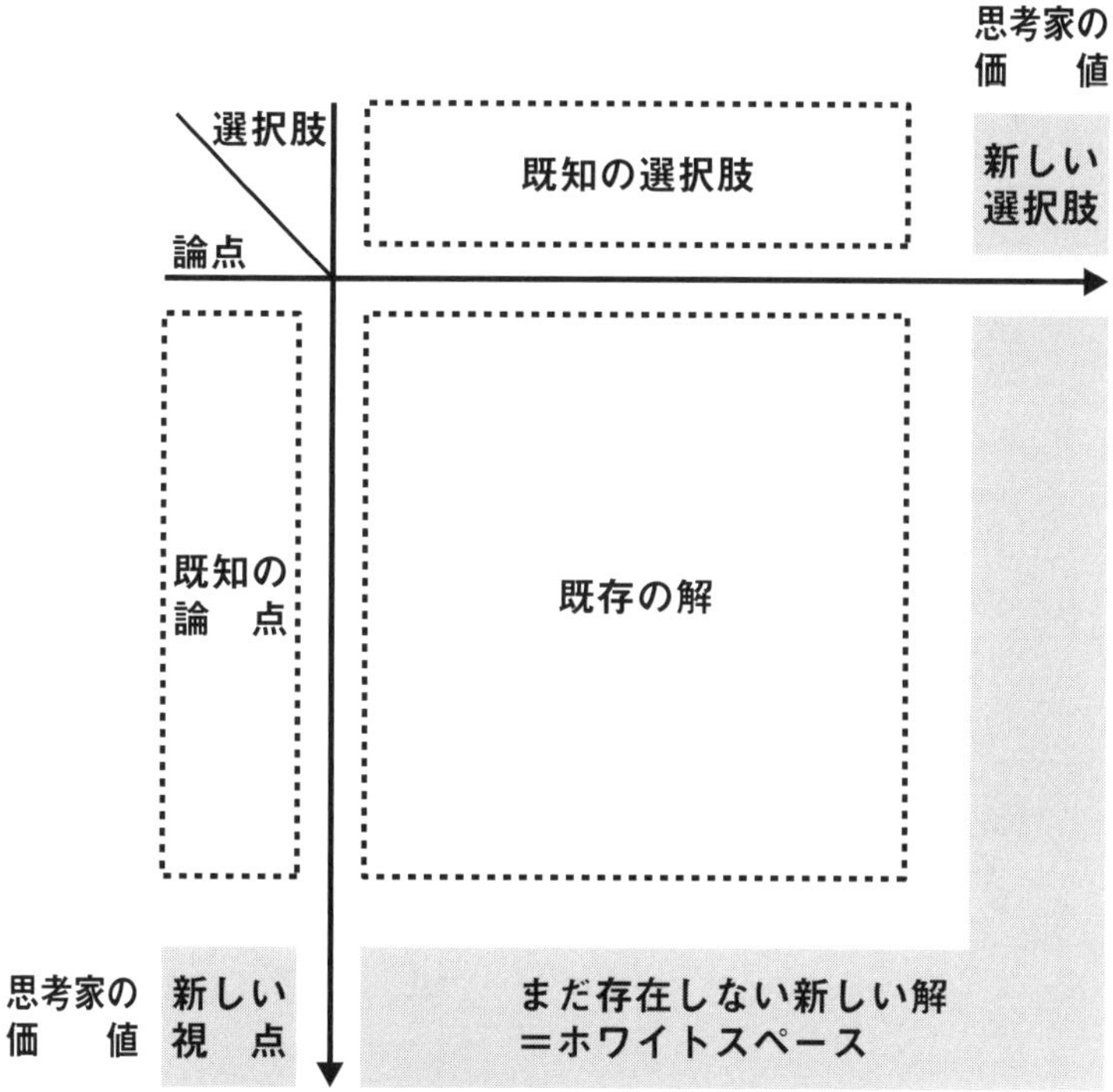


思考家の価値は
「視点」と「選択肢」を提示すること

A「え？　いや、多分、できません……」

B「そうか。では君はヤギを20匹飼っているか？」

A「いや、飼っていませんが……それが何か？」

B「そうか。でもな。世界には腕立て伏せが20回できないと、死ぬほど恥ずかしい地域がある。君は死にたいほど辛い思いをしているかもしれないが、君がモンゴルやインドの田舎に行ったらそんなことは大した問題ではなくなるかもしれない」

この対話は、**価値観とは時空を超えて物事を捉えることでいかようにも変わるものであること**を示している。

時間軸とは、過去や未来、空間とは自分以外の社会、文化、国のことだ。時空間を広げて見せることで、今ここにいる自分にとって重要な問題が問題ではなくなる。**問題を解決したければ一度立ち止まり、まずは対象から距離を置くこと**である。そうすることで人は問題を矮小化《わいしょうか》させることができ、執着していた対象から解き放たれるのである。

## 図9　前提を疑うことで問題を解決する

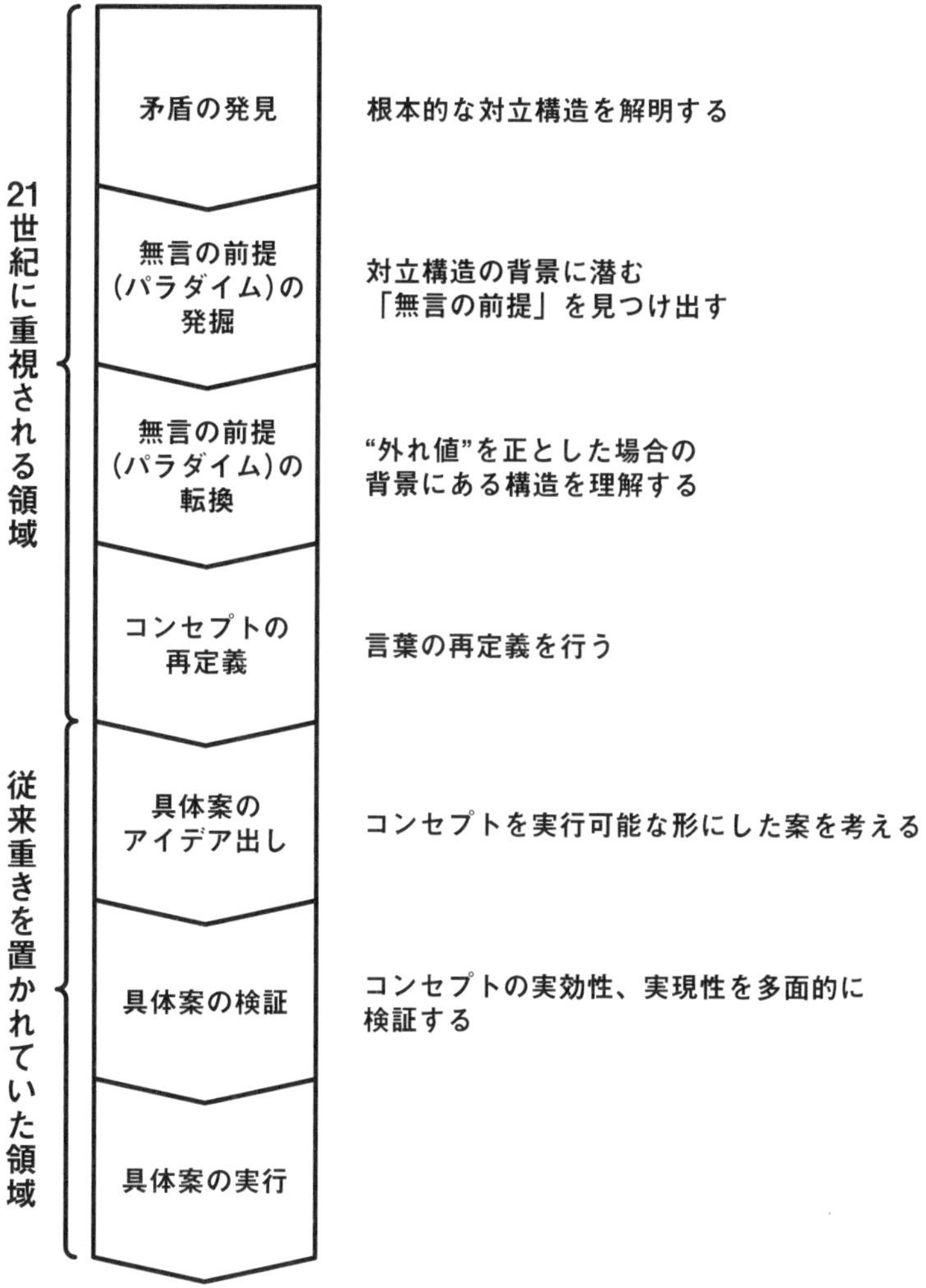

## 前提を疑う、それが考えること

「問いを問う」ということは、前提を疑うことでもある（前ページの図9）。

鉄道会社が収益を伸ばしたいと考えたとしよう。どうすれば良いだろうか？

真っ先に思いつくのは、乗客を増やすことと長距離列車に乗ってもらうことだ。なぜなら鉄道会社では長距離区間ほど回収すべき建設費が大きいため、距離と運賃が比例することが「常識」として認識されているためだ。


だが本当だろうか。数十年も前に造られた鉄道であればもうレールの建設費はとっくに償却し終わっている。ならば「距離に比例して運賃が高くなる」という無言の「前提」自体が間違っているのではないかと問う。前提が「距離と運賃の比例」にあるならば、その逆は、「距離と運賃が反比例する」である。


では近距離なのに高いという反比例を実現するために考えられることは何か？

それは具体的には、需要の高い都市圏の移動区間で特別席を導入してみることかもしれない。実際に東海道線などでは、短距離でも通勤の負荷を減らすためにグリーン席を設け始めている。山手線などでも、1両くらいは倍額の運賃で必ず座れる車両を用意してもいいだろう。チケット売り場を設ける必要もない。希望する人は改札で交通系ＩＣカードをピッとかざすだけ。通常運賃の人と改札機を分ければ、通過するときに高い運賃が引き落とされるので十分である。

もう一方の無言の前提を覆す「長距離なのに安い」を実現するために考えられることも無数にある。それは競合の存在する一部の長距離移動区間（郊外のアトラクションへのルートなど）だけ、特別に定期券を販売して割安感を出すことかもしれないし、そもそも鉄道会社が長野県の安曇野《あずみの》や白馬《はくば》あたりにたくさんの住宅物件を抱えているなら、物件価格に都内までの定期券を上乗せして売ってしまうのも手だ。

このように、「距離と金額は比例する」という業界の常識（無言の前提）の逆（近いけど高い、遠いけど安い）が成り立たないかを考えてみることは、「問いを問う」という最初の一歩である。ここから出てくる解のうち、従来の打ち手と全く異なるパラダイムを持ち、実行可能な具体策を見つければ圧倒的に効果がある。

どうだろう？　考えてみる価値がある、と思わないだろうか。

# 考える真の目的とは何か？

## 「できる人」は常に代替案を用意している

ここまで書いたように、考えるメリットは無数にある。

では一体、何を考え出せば「本当に考えた」と言えるのだろうか。

考える目的を端的に言えば、**「代替案を出すこと」「具体案を出すこと」「全体像を明らかにすること」「本質を見抜くこと」**の4つである。

まず、「代替案を出すこと」について伝えるうえである人の言葉を取り上げたい。

「アイデアがある人は悩まない」というものである。これは、面白法人カヤックの

CEO柳澤大輔《やなさわだいすけ》氏の言葉だが、実に素敵な言葉である。その意味することとは、**「代替案（Bプラン、Cプラン）を持っている人は安心して生活することができる」**というものだ。

ホリエモンこと堀江貴文《ほりえたかふみ》氏もその知的パターンの典型例だ。彼とは私が宇宙開発事業HAKUTO（ispace社）に関わっていたときに何度かお会いした。あるとき彼の部下がミスを犯していたが、本人はあまり気にしている様子はない。もちろん部下に注意はするのだが、きつく問い詰めることもない。余裕がある。

彼の優秀さは何だろう？　と考えてみると、彼にはあまり執着がない、ということがわかった。つまり代替案をいくつも持っているから余裕があるのだ。「想定内」という言葉が一時期流行ったが、まさにそれだ。大学を中退し、就職せず起業家になった彼には、ストレートに大学を卒業し、就職した人に比べ失敗がつきまとう。そのため失敗を前提に、別の手段（代替案）を持つ習慣が身についている。別の方法があるから、部下がミスしても執着しないのだ。

## 真の知性とは「囚われない心を持つ力」

ご存知の通り、堀江氏には収監された経験がある。普通の人なら収監されると大変落ち込むだろうが、彼が「この時間を使って、1000冊本でも読むか」と頭を切り替えられたのも、代案をいくつも持っていたからではないだろうか。

複数の選択肢がある人は一つの案に執着しないから幸せでいられる。幸福が人間の目的なら、**真の知性とは、囚われない心を持つ力**である。

世間は大きな誤解をしている。ホリエモンが入学した東大はすごく頭が良い人が行く、と思っている。しかし、実際に東大に入るのは「頭の良い人」ではない。頭が良いかどうかとは関係なく、**受験を高尚なる行為ではなく、単なるゲームだと矮小化して捉えている人が合格している。**進学校のシステムとはそういうものだ。

しかし普通の人は逆に捉えている。勉強は高尚な物事で、それができる人を偉いと敬う。当の本人たちは、勉強を小さなもの、時には単純な作業でしかないと、逆に重きを置いていない。その彼らが社会の上に立つというのはある意味滑稽《こっけい》に見えるかもしれないが、現実である。**こだわる人ほど成果を挙げることができない**。

東大に受かる人たちのすごさをあえて言えば、勉強にかける時間ではなく、**小さな物事に集中し続ける意識のコントロール力**にある。受験は意識のコントロールの良いトレーニングの場ではあるが、それ以上でも以下でもない。得た知識は時と共に移ろい、やがて忘れ去られる。残る価値は集中した体験である。新しいゲームは次から次へと生まれるのだ。

## 実現可能な具体案を導き出してこそ、考える意味がある

考える目的の2つ目は、**「具体案を出すこと」**だ。

具体案とは、「明日何をすれば良いかを行動に落とし込める案」のことである。つまり、行動可能な状態まで落とし込めなければ案とは言えないということだ。

よく生産的な仕事の現場では、「問題をそのままにしておくな。問題を（解決可能な）〝課題〟にせよ」と言われる。これも同じように具体的な形に落とし込めなければ何も考えなかったことと変わらない。単に「検討する」という形で終わる会議

や文書があるが、それでは本当に考え抜いたとは言えないだろう。解もすぐに実践できるレベルのものでなければ、机上の空論で終わってしまう。

解が改善レベルの話であれば、アクションに落とし込むことは簡単だ。しかし、私たちが今後していかないといけないのは、改善ではなく「改革」であり、場合によっては今までの常識をひっくり返すパラダイム・シフトである。そこには当然、既得権益を守ろうとする人たちが存在するので、そうした**しがらみや抵抗をどう排除できるのかというところまでデザインされた実現可能な「解」でなければ、思考する意味がない。**

たとえば、日本の抱える大きな課題に医療改革がある。

国家財政を圧迫する医療費を下げるためには予防医学に注力することが重要だ。これは理屈では明らかだが、国民が健康になってしまっては商売が成り立たない医師会が徹底的に反対することもまた明白な事実だ。だとすれば、一つの案としては機能性医学や予防医学を研究する機関をジョイントベンチャーとして設立し、その理事に医師会の重鎮《じゅうちん》をつけて予防医学の利益をどんどん医師会に還元し、新しいオペレーションだけは関与させないといったスキームも考えられる。このように、従来の組織に新しい施策のメリットを還元することでスムーズに物事を実現させることは可能だ。

改革を行うときはインセンティブの設定がとても重要となる。正論を振りかざしながら「俺は正しくてあいつらが間違っている」と怒っても社会は変わらないのだ。問題の核心を突き、同時に実現可能な具体案を出す必要がある。

## 全体像を明らかにする

考える目的の3つ目は**「全体像を明らかにすること」**である。先に私は経営者たちとよくランチをするという話をしたが、考えることで大きく対象を広げ、見えてこなかった論点や選択肢を相手が自分で見つけることができる。

物事の全体像を捉えるべく、**俯瞰するときに特に意識すべきは「時間軸」と「空間軸」で、このとき実際に紙に書き出すことがポイント**だ。これはどんな思考活動にも言えるが、紙をどんどん使って思考の言語化をしていくべきである（私は机の上に大量のA４用紙を積んでいる）。

私がメタ思考をするときによく使うフレームワークは**「T&Sキャンバス」**というものだ。

横軸にT（時間）、縦軸にS（空間）を取って、各要素の関係を整理していくという手法であり、思考を言語化していくときの一つのフォームになる。

T&Sキャンバスの最もシンプルで身近なものは、誰もが使う工程表だ。横軸に時間軸が取られており、縦軸は担当者や部署が書かれていて、どのタスクがプロジェクト全体の中でどのような位置付けなのかが整理されている。

もしくはインターネットで注目を集めた「世界史対照年表」というものがある（図10）。

縦軸が国（や地域）で横軸が年代になっており、どの年代にどの地域がどの国によって支配されていたかということが1枚でわかるようになっている。これもまさにT（時間）&S（空間）キャンバスの例である。

メタ思考を実践する際は、こうしたキャンバスを白紙の状態から作っていく。

## 図 10　世界史対照年表

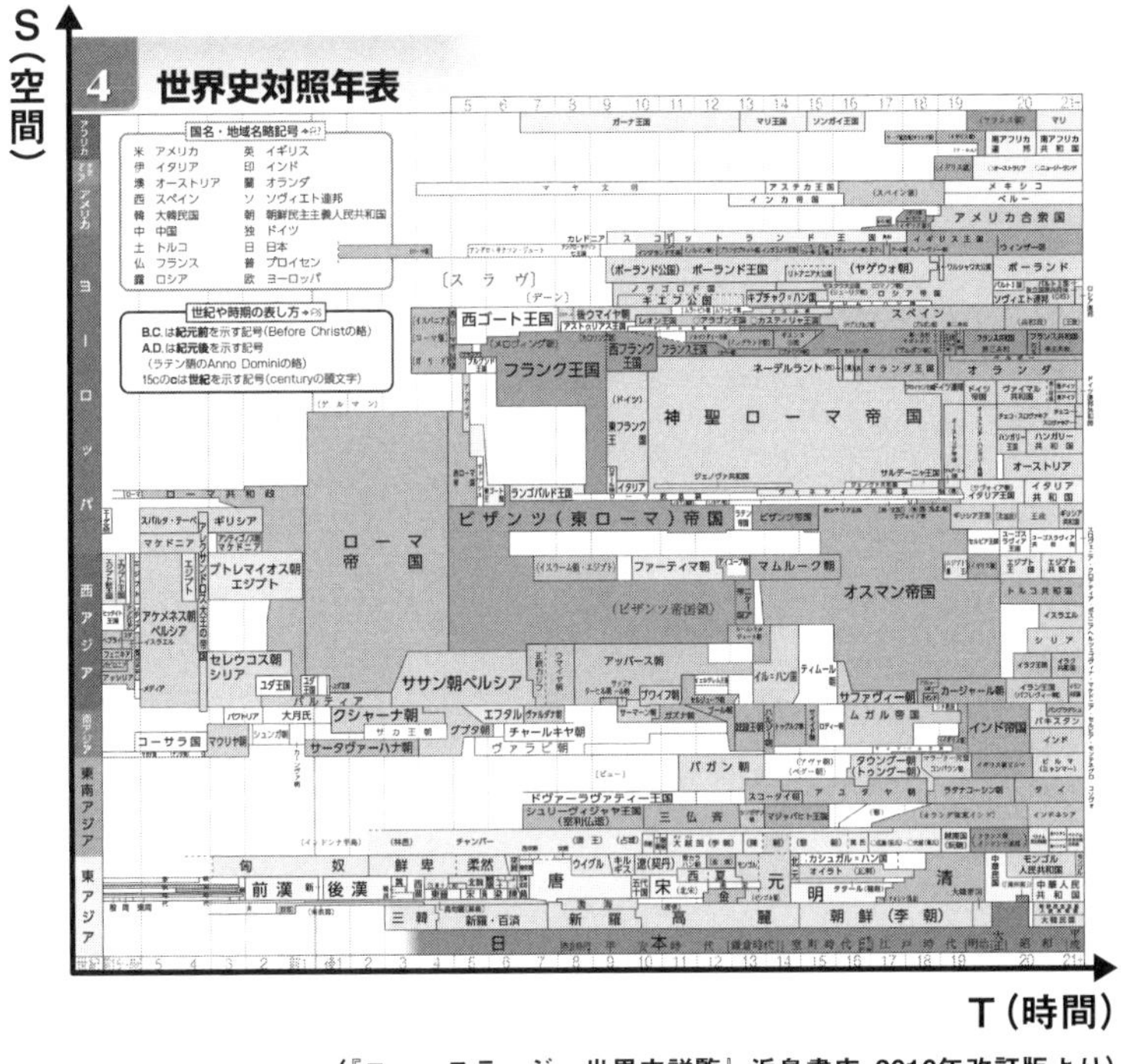


（『ニューステージ　世界史詳覧』、浜島書店、2016年改訂版より）

私はあらゆるミーティングに白い紙と細いペンしか持っていかない。そして最初の30分は参加者の話を聞くことにフォーカスを当て、それぞれの発言の位置関係（抽象・具体度）、時間軸（緊急・中長期）を把握し、それを頭のキャンバスもしくは白い紙に書いて位置関係を整理していく。自分が話し始めるのは1時間のミーティングの中で、45分くらい経ってからだ。**あらゆる発言内容とその発言者のインセンティブ（動機・目的）の位置関係が把握できていれば、問題のコア（本質）にあることと、それに対する解決策（効果的かつ実現可能なもの）もわかる。**

仮にそこで解決策が出なくても、大抵の場合、様々な問題はスパゲッティのように絡み合っているので、それらを解きほぐすだけでも十分な価値を提供できる。T＆Sキャンバスを使いこなせるようになれば、その後は難しい作業ではない。

最も困難なのは、ビジネスの場合は自分の意思（欲）がそこに介入することである。ビジネスである以上、自分（自社）の取り分が必要となるのは当然だし、そうでなければ事業の継続もままならない。だから実際には、思考したことから利己心を差し引いて残ったものがミーティングでの価値となる。

対象との距離を置いた状態（俯瞰した状態）というのは、このT＆Sキャンバスのそれぞれの軸の幅が広いということを意味する。

時間軸に関して、問題解決をするときは、その背景を探るために過去をたどる必要があるだろうし、何年先まで考えるかによって最適な解も変わってくるはずだ。

空間軸に関しても、ここをどれだけ広く取るかでより対象を俯瞰できる。

空間軸を広げるときに多用するのは、海外の事例である。

たとえば結婚制度について考察したいのであれば、先進国の、たとえばフランスの多様なパートナー制度の動向を押さえないわけにはいかないだろうし、日本での最大の課題になりつつある「孤独」の問題については、2018年にイギリスに新設された孤独担当大臣の取り組みを調べておく必要がある。BBCやCNNなどのメディアをインターネットのブックマークに入れるくらいはしておきたい。

私は欧州の知の巨人であるジャック・アタリ氏が好きだが、彼のすごさを一言で言うなら、そのT＆Sキャンバスの広さにある（彼の場合はT〈歴史〉＆F〈フィールド〉である）。アタリ氏は有史以前から未来まで、宗教や環境、貨幣、暴力、民主主義、ドラッグなど、世界全体をくまなく横串で見通したうえで本質的なルートを導き出す。一つひとつは表層的で分断化されたテーマだが、それらをすべて有機化することで21世紀を貫く原則を洞察している。これはメタ思考力を持っている人にしかできない思考法である。アタリ氏にとっては壮大なパズルを解いている感覚であろう。興味のある人は、『21世紀の歴史』（作品社）、『海の歴史』（プレジデント社）などを読んでもらいたい。

私の本格的な「パズル解き」は、先述したように、Ｍ＆Ａ専門のコンサルタント時代にクライアント企業を分析することから始まった。企業は様々な部署、プロダクト、歴史、業界、取引先などフィールドが多岐にわたる。しかも大手企業になると関連会社の数も膨大だ。それらすべてを視野に入れながら、企業を動かす本質を特定するのが、Ｍ＆Ａの最も重要な仕事である。

これがだんだんできるようになると、私はもう少し幅を広げて「株や投資とは何か」を考えたくなった。その思考の結晶が、先ほど紹介した『知ってそうで知らなかったほんとうの株のしくみ』（ＰＨＰ文庫）である。

その後は「企業分析」と「価値創造」を体系化することに努め（これは大前研一《おおまえけんいち》氏

が学長を務めるビジネス・ブレークスルー大学の講座となった）、それを卒業したと同時に「貨幣とは何か」というもっと大きなパズルにチャレンジをすることになった。

T（時間）&S（空間）を軸に取るパターンと同じような方法として、たとえば企業分析には、会社の経営成績を表す損益計算書（P／L）、会社の財政状態を表す貸借対照表（B／S）や業界構造、業績などのあらゆる要素があるが、外部環境と内部環境、ビジネスマーケットとキャピタルマーケットの2軸のマトリクス上に並べると、次ページの図11のようになる。このマトリクスは、『デューデリジェンスのプロが教える企業分析力養成講座』（日本実業出版社）のメインフレームワークとして使っている。

「物事を理解するとはその輪郭を明らかにすること」

これは私が絵の先生に教わったものだ。対象を正確に描くためには、対象そのものではなく、輪郭と周辺を描きなさいということを意味する。

輪郭を明らかにするためには4つの切り口がある（64ページの図12上）。

1．背景・原因を考察する

## 図11　T&Sキャンバス例

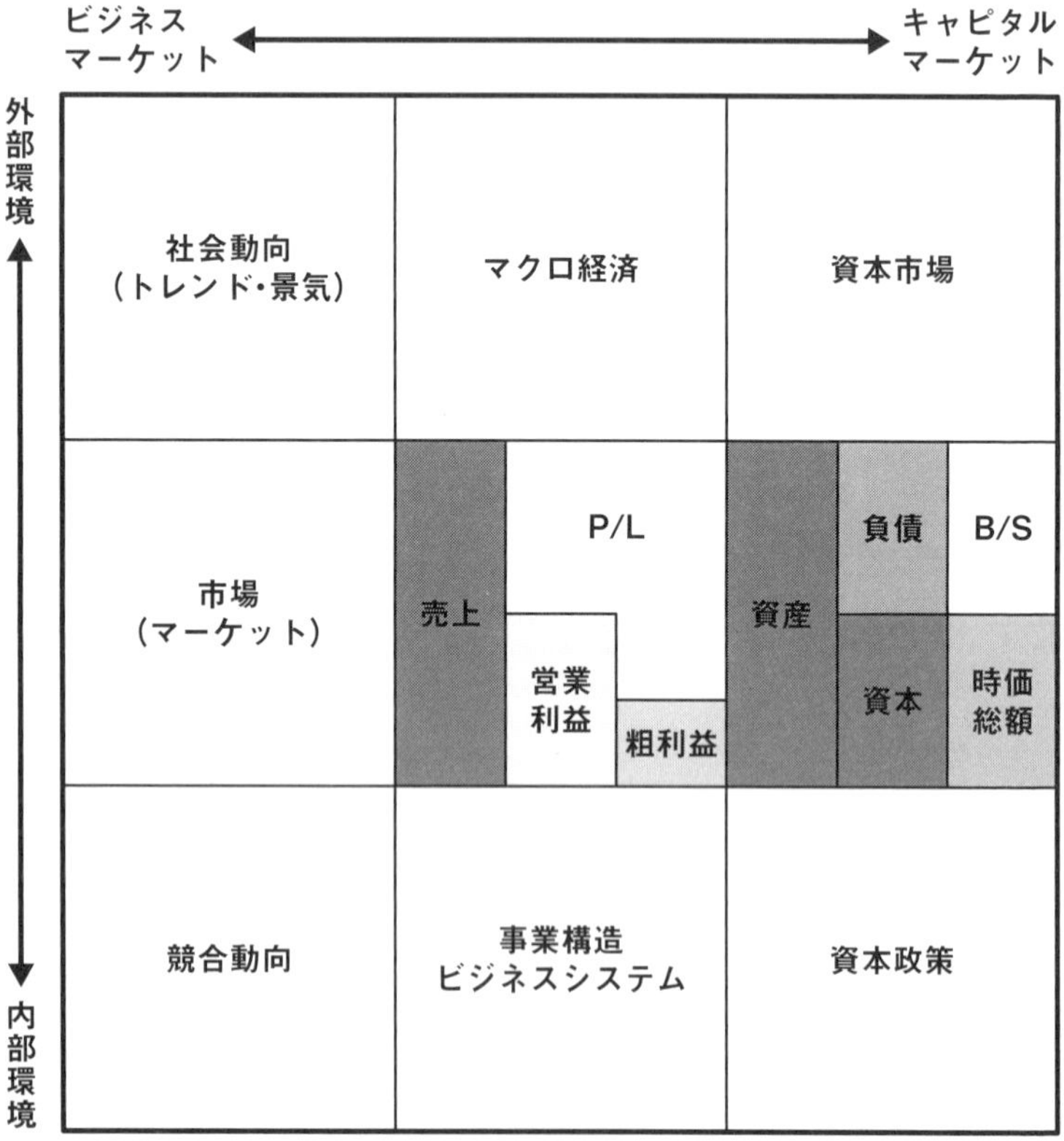

2. 対象がもたらす結果・意味を考察する
3. 対象の下位概念を分解して、より具体的な内容を詳しく考察する
4. 対象の上位概念、またはその上位から見つめた対象と同レベルにある対象物を考察する

今紹介したこの4つの切り口を、「英語」の輪郭をつかむことに応用すると、次のような方法が考えられる（64ページの図12下）。

1. 文法の本質や語彙の語源を知る
2. ネイティブの文章構成や発話を感覚的につかむことに注力する
3. 分厚い文法書と辞書の内容を自分なりに整理する
4. ラテン語を勉強する。またはそこから分化した英語以外のインド・ヨーロッパ言語（スペイン語、フランス語、ドイツ語など）の違いの発見に努める

理想はこの4つの切り口をすべて考えること。それが英語習得の最短方法だと思う。何かを考えるときに最も重要なことは「垣根を設けないこと」である。

## 図12　対象を明確にする4つの概念

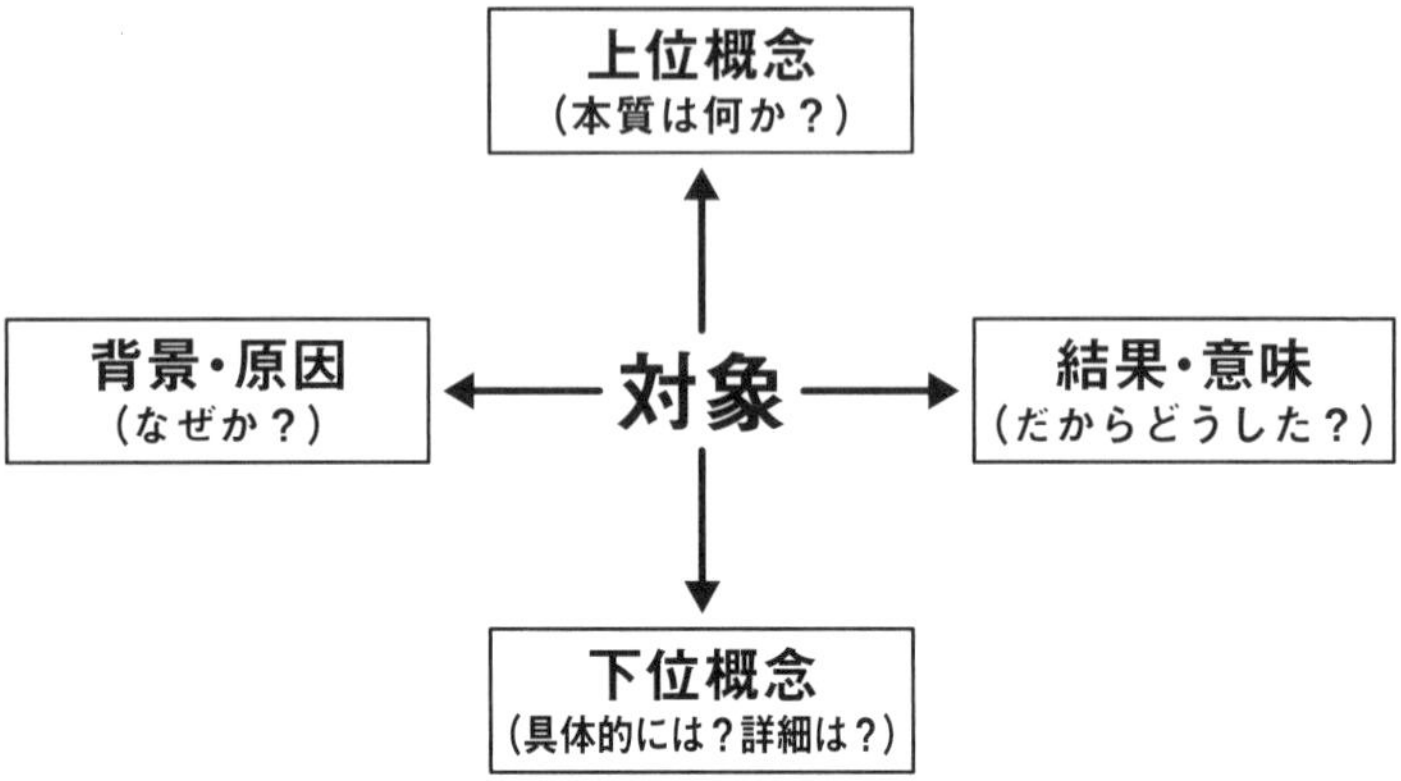


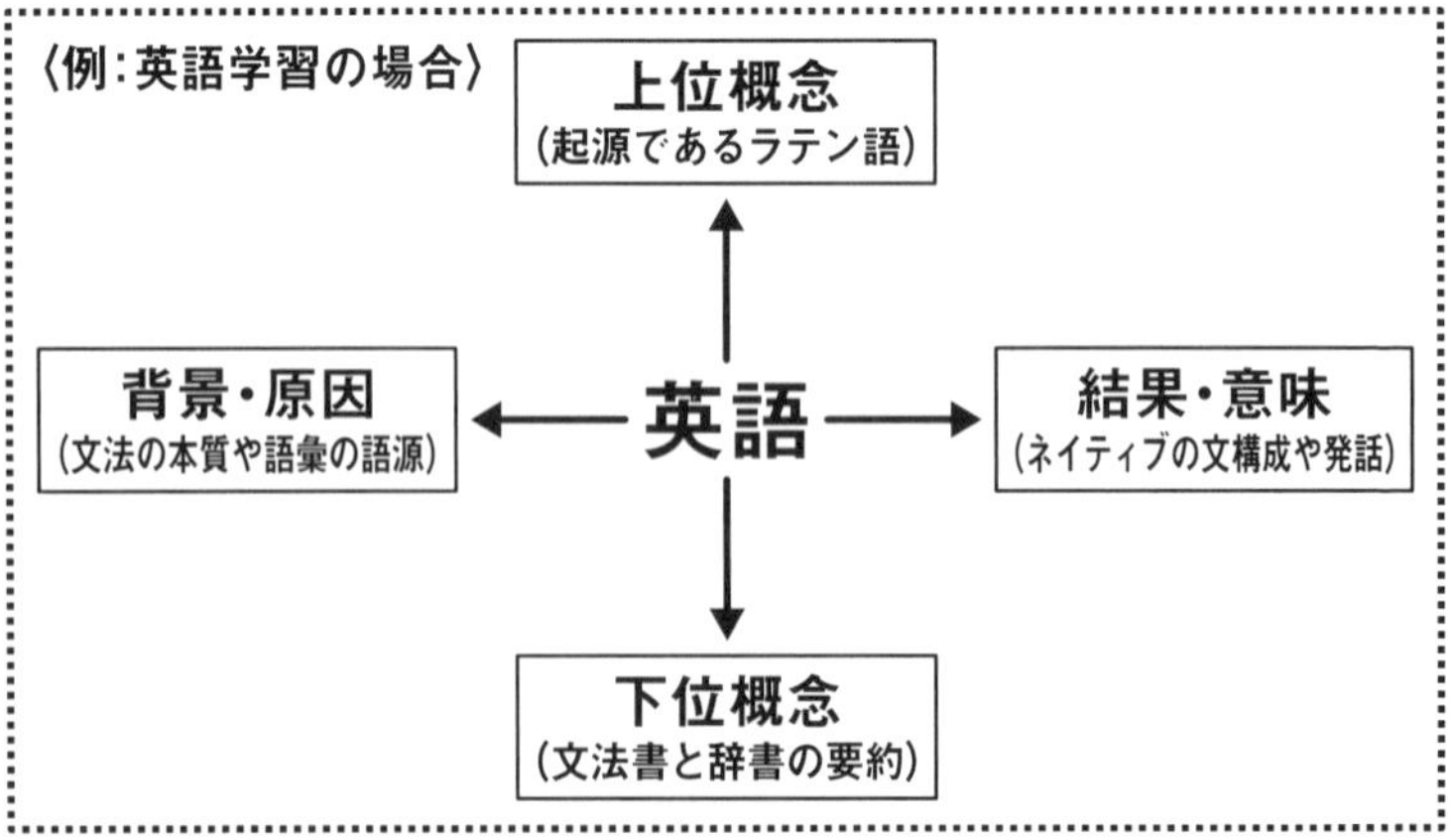

## 頭の良い人ほど単語を覚えない

英語学習のつながりで話をすると、単語の覚え方に、「語源」から覚える方法がある。単語の根源的意味を知っていれば、知らない単語の意味も推察できる。

たとえば「sub」の意味は、「下（の）」である。「subway（サブウェイ）」の意味は、sub（下の）way（道）で「地下鉄」、「submarine（サブマリン）」は「海の下」で潜水艦、「subliminal（サブリミナル）」が「潜在（下の）意識」と類推できる。

さらに本質を考える人は、アルファベットごとの意味も知っている。

たとえば、bは存在や肯定、向上、成長などを意味し、dは欠乏や否定を表す。だから単語の頭にbが使われていれば、自然に「ああ、何か肯定的、前向きな意味なんだな」と感じることができるし、d～とくれば「なんとなく、悪い意味だぞ」と推測できる。抽象性は高いが、本質的であるからこそ応用がきくのである。

頭の良い人は、**極めてメタ（抽象的）な本質をいくつか押さえており、そこから枝葉末節の問題を難なく解決してしまう**ものなのだ。

## 本質を見抜く

メタ思考の最終的な目的は本質を見抜き、核心を突く代替案を見つけることである。では「本質的」とは何かと言うと、3つの共通する要素があることがわかる。

それは**「普遍性（応用がきくこと）」「不変性（時が経っても変わらないこと）」「単純性（シンプルであること）」**だ。こういった本質を押さえると、その後応用できる可能性が高くなる。考えたことが本質的かどうかについては、この3点を検証してみるとはっきりするだろう。もしも考えたことがこの3つの要素を持ちえない場合は、さらに本質的なものが存在することがわかる。

ここではこの3点について、もう少し詳しく説明しよう。

### 1 普遍性

普遍性とは応用がきくこと。ある分野についてその本質（原則）をつかんでしまえば、他の様々な問題は芋づる式に解決してしまうような解のことである。

## 2 不変性

本質は時が経っても決して錆《さ》びることがない。本質的思考によってつかみ取った答えは、過去、そして未来永劫に通用するものとなっている。明日の結論が今日の結論と違うのであれば、まだ思考が十分ではないという証である。

## 3 単純性

ものの本質は、いつ何時も、とてもシンプルなものである。これは物事の本質を理解しようと努めるうえで非常に重要なことで、この世の中は一見複雑に見えても想像以上にシンプルで、本当の問題は最終的には一つしかないのだ。問題が二つも三つもあるということは、もっと考えるべきことが残っている証である。

3つの要素以外にもう一つ付け加えるとすれば、自分なりの思考の結晶を見て「ちょっと気持ち悪いな」と感じたら、まだ核心を突いていないということだ。その違和感は、「もっと先に到達可能な本質があるから、もう少し頑張れ」と教えてくれているのだ。逆に言うと、そうした**違和感を感じ取る能力を持っていることが重要で、それがないと本質的な解を得ることは難しい。**

以上が本質的に共通する要素であるが、自分がつかみ取ったものが「完全な本質（ものの真理）」でないからと言って、今の段階で気にする必要はない。もし何らかの世の中の本質をつかむことができればノーベル賞を受賞し、歴史に偉大なる功績を残すことができるかもしれない。だがまずは本質「的」な問題をつかむだけでも、思考を伴わずに行った短絡的行動に比べれば、圧倒的な効果が期待できる。

## 表出的な問題は問題ではない

多くの人は何らかの成果を挙げようとして様々な問題に対処しようとする。しかし、そうした問題は大抵の場合、テコで言う「支点に近い部分」に位置する表出的問題である。表出的問題への対策のことを対症療法というのだ。

メタ思考ではテコの支点からより遠い本質的問題に対して、したたかにメスを入

## 図13　本質を見抜くと成果を挙げやすい

・思考の本質は、レバレッジを働かせることにある
・問題解決のカギは、たった一つの決定的に大事なことを実行すること

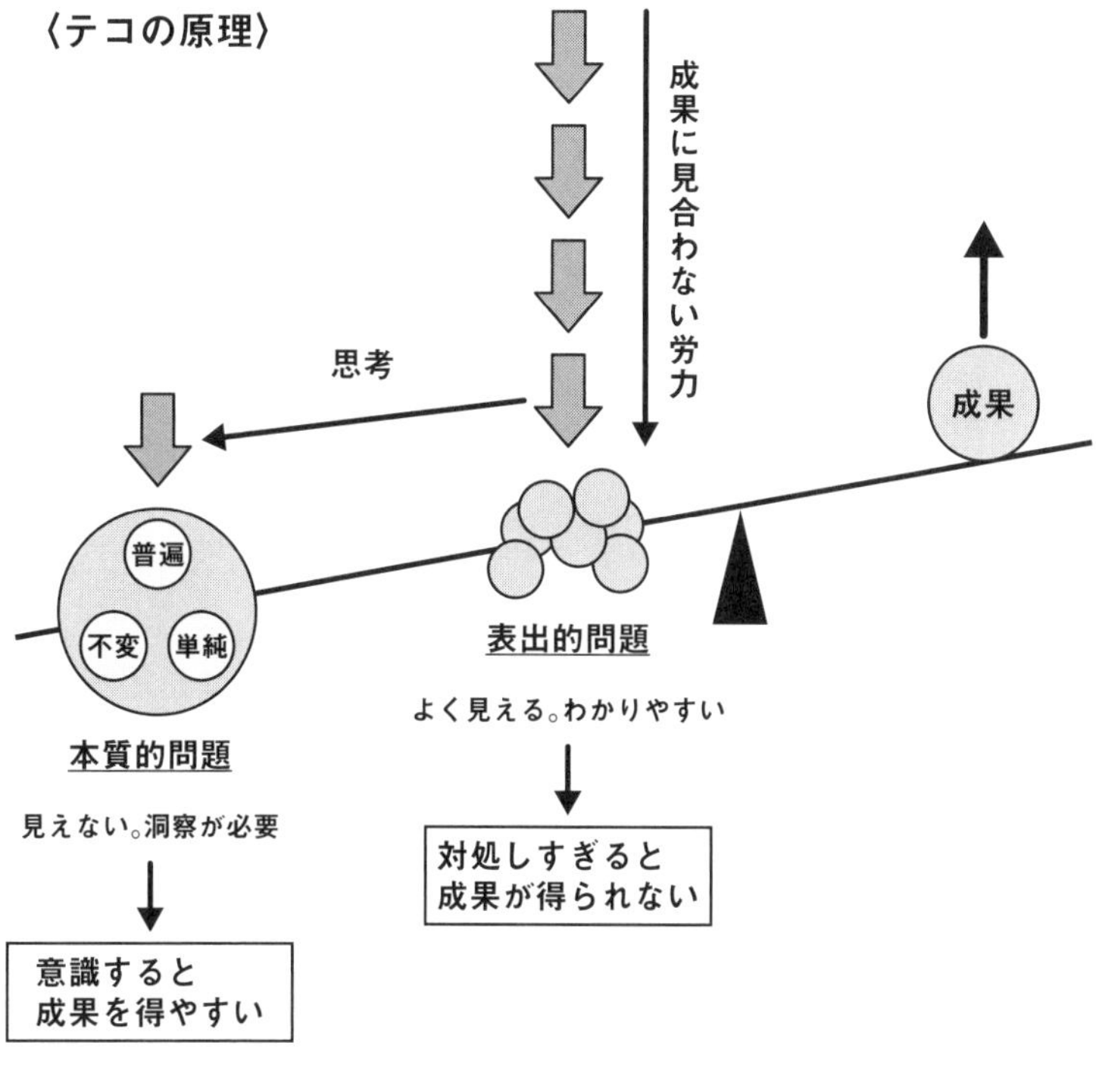

れる。つまり、**核心を突くということは「ここを変えれば最も大きく動くだろう」というレバレッジ・ポイントを見つけること**である（前ページの図13）。

レバレッジ・ポイントを見抜くことは、当たり前だが簡単ではない。ただ、そうかと言って表出的問題ばかりに手をつけるのもコスパが悪すぎる。

目に見える問題は取り組みやすいが、それに対して一生懸命対処しても、結果として得られる成果は小さい。しかも物理的に相当大きな力を加えなければならないし、それで一定の成果を挙げたとしても、問題の根源にメスを入れていないので必ず新たな問題が出てくる。そして結局、モグラ叩きをするかのように、延々と表出してくる問題に取り組まなければならないのだ。

しかもモグラ叩きでは、「苦労∨成果」という法則が成り立つ。レバレッジ・ポイントであるスイッチを切らなければ、いつまで経っても問題はなくならない。

よって、**見えている問題にはできるだけ手を触れてはいけないし、仮にその場しのぎが必要だったとしても、目の前に見える氷山の下にある大きな氷の固まりを常に意識しなければならない。**

# 第2章

# 短時間で成果を出す思考の技法

# 日々、どのように考えれば良いのか？

## 思考力を鍛える「3つのサイクル」

では、思考力を鍛えるためには何が必要かと言うと、**「考える」「書く」「話す」の3つのサイクルの確立**である（図14）。

まず思考力を鍛えるうえで意識したい習慣は、**「考えることにコミットすること」**だ。物事には常にその本質が存在する。考え抜くことによって誰でもいつでも、その本質に到達することができる。先にも伝えたように、**「（自分の分析が）何か気持ち悪い」と感じなくなるまで考え続けるのがベスト**である。

次に「話す」うえで重要なのは、**ログセ**だ。たかがログセでも侮《あなど》れない。「本質

## 図14　思考力を鍛える３つのサイクル

・思考力を鍛えるためには、「考える」「書く」「話す」の良いサイクルを確立する
・日々の業務の中でも、集中して考え抜く時間を持ちたい

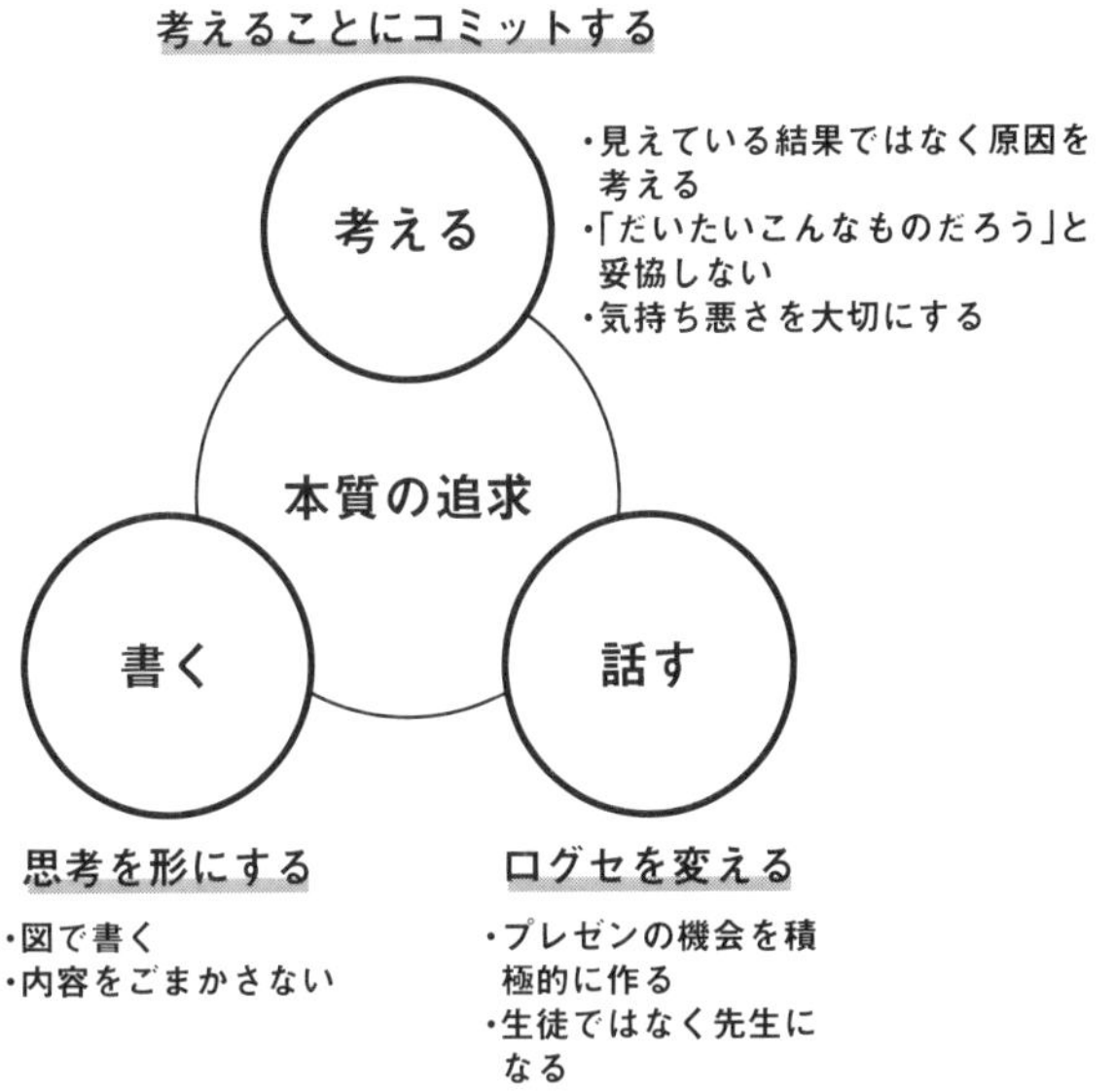

的には〜」と口ずさむ習慣をつければ、出てくる言葉は自ずと本質的なものになる。

最後は、「書く」こと。**思考を形にすることだ**。考えても、形にしなければ何の意味もない。**紙に書いて、はじめて思考が固定される**。問題を捉えたいとき、構造化をしたいときには、とにかくまず紙に正方形や縦軸・横軸を書き、図にしてみると良い。そして、違和感がなくなるまで何枚も書き、本質がどこにあるのか仮説を立て、それを検証する行動を何か一つ取ってみる。本質的であるかどうかは、その効果によって測ることができるだろう。メモを取る習慣は、決定的に重要である。

## 知識は選択肢を増やし、自由を増やす

仮にここまで紹介してきた「考える」「書く」「話す」のサイクルをうまく回せたとしても、最低限の知識なくしてはその先に進むことはできない。

第1章で知識があればコストが下がると伝えたように、**知識があれば選択肢を増やし、選択肢は自由を増やすことができる**。そして自由は豊かさを増やすことにもつながる。人はなぜ勉強すべきなのかと言えば、この知識を得るためでもある。

第1章で私は、常に「思考＞知識」を意識せよ、と述べた。意識の向から選択肢が知識である。**意識が主体で知識は目的**である。したがってまずは主体である意識を自由に動かせなければならない。そうは言っても、意識の向かう先である知識も大事な要素である。私たちはしばしば現状や過去に執着する。悩みの本質はいつも執着にある。執着は意識の焦点を固定させ、選択肢を欠如させる。

一方、**知識は我々に新たな選択肢を与え、執着や悩みを解きほぐす力になる。**方程式をはじめ、知識の99％は使われることがない。かと思えば毎日使う知識もある。何の知識がいつ役に立つのか、それはわからない。でもだからこそ、**知識は選択的に得るものではなく、あらゆる知識にアンテナを立てるべき**なのだ。

そして、この知識を使うことこそ思考の役割である。

思考とは意識を振り向ける動作であり、知識を選択し、またそれらを結びつけたり切り離したりして新たな選択肢を作ることである。この「知識と意識（をコントロールする思考）」を組み合わせることで人生の自由度は大きく変わってくる。その意味において、**知識と意識は思考の両輪**と言える。

## 読書は効率良く知識を取り入れる最強の方法

もし効率良く知識を得たいのであれば、古典もしくは教科書を読むのが良い。

私は思考に意識を集中投下するために、今では本をほとんど読まなくなったが、30歳前後をピークにあらゆるジャンルの古典を読み漁《あさ》った。古典を勧めるのは、現代まで読み継がれているという点で、物事の本質を突いているからだ。

また、本を読むという行為は著者の思考プロセスをたどる旅である。だから**良質な本を読み流しているだけでも、自分の視野の狭さや洞察の浅さに気づかせてくれるし、読むことで自分の情報に吸着した意識を引き剝がしてもくれる**。知識を得るためだけではなく、そういった視点から本を読むのも面白い。

また、特定の課題について体系的に学びたいときは、単にアマゾンの星の数で選ぶのではなく、入門書で全体像をつかみ、専門書で深く洞察するというふうに使い分けることが大事である。

入門書と専門書では、求める目的が全く異なる。**入門書はそのテーマの扉を開け**

## 図15　入門書と専門書の使い分け

・20〜30代、最低年間100冊は読む
・良書は「入門書」と「専門書」の２種類である

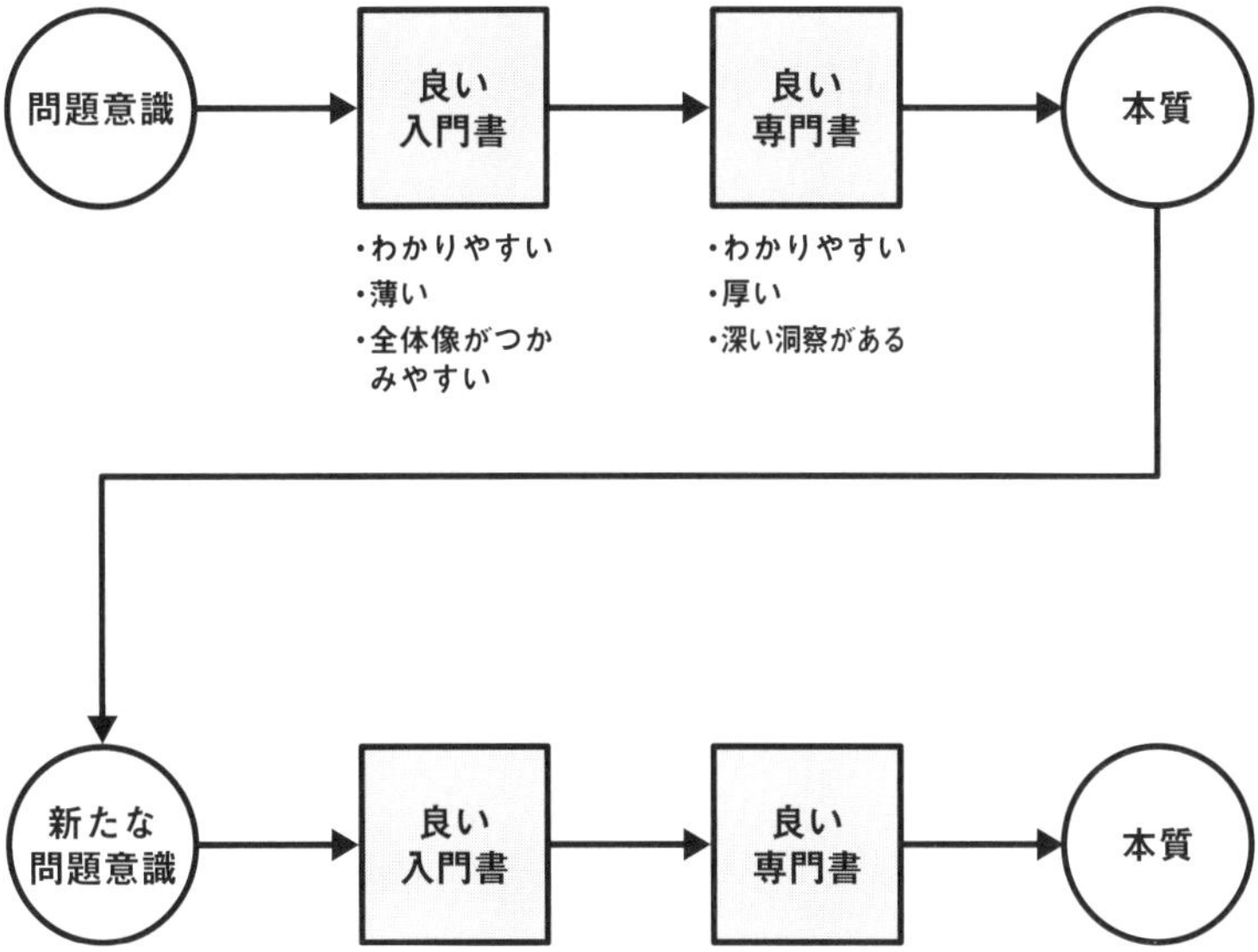

**るという目的があり、専門書は本質へ早く到達させるという目的がある。**

よって入門書は、文字通り入門しやすいものでなければならない。あなたが問題意識を持ったテーマについて全体像を与え、わかりやすい表現で個々の内容を簡潔に説明しているものを選ぶといい。そして、入門書を読み終わったら、問題意識を深く掘り下げるために専門書を読む（前ページの図15）。

多くの専門書は抽象度が高く、難しい記述表現が使われているが、それ自体は全く問題ではない。その本がそのテーマの本質をつかんでいるかどうかということが重要で、入門書がわかりやすくて、専門書がわかりづらいということは一切ない。

専門書も、もしそれが的確にものの本質をつかんでいるのであれば、わかりやすい内容になっているはずである（知識が不足していることによって文脈を正確に理解できないことはあるが）。

重要なポイントは、膨大に存在する書籍の中からいかにして本質的な専門書を嗅ぎ分けるかだろうが、その能力は経験によって習得可能であると思っている。もしくは本質をつかんでいると思われる人に本を勧めてもらったり、良書の中で引用されている本を選んだりするのも有効である。

また、体系化された知識を学ぶうえで教科書も非常に効率が良い。滅多に本を読まなくなった私も、数学や医学の教科書は今でも読むようにしている。

もし経営に関する基礎的な知識を習得したいのであれば、グロービス経営大学院が書いている『グロービスＭＢＡシリーズ』（ダイヤモンド社）をすべて読めばいい（版が古いほどクオリティが高い）。そしてその中身もしっかり勉強すれば、年収１０００万円など簡単な話である。

ただし**本は大きな助けとなるが、問題意識はあくまでも自ら生み出す必要がある**。優れた書籍は問題意識に応える力を持っていたとしても、問題自体を与えてくれるわけではない。もし何も考えずに「皆が読んでいるから自分も読もう」という動機で本と向き合っても、それがどんな名著であろうと何も提供してくれない。

## 頭を良くしたいなら油を変えよ

世の中には「脳トレ」の類の本がたくさんあるが、本質に立ち返ると、**脳のコンディションを上げることが最も重要なこと**である。具体的に言うと、脳のＣＰＵにあたる脳幹の炎症をいかに抑えるかがポイントだ。

私がそれに気づくきっかけとなったことの一つが、母親が若年性アルツハイマーにかかったことだった。これはアミロイドβというタンパク質が脳内に溜まることで炎症が起き、認知力が落ちる病気である。

私の血の半分は母親からきているわけで、そんな自分の脳のコンディションを維持すべく、日々摂取する料理で使う油は良質なもの（ココナッツオイル、亜麻仁油、オメガ3を含む油、エクストラバージンオイルなど）にこだわっている。サラダ油は摂取しない。「頭を良くするには勉強しないといけない」といった常識から距離を置いて、そもそも頭の状態が良いとは何かを考え、医学的な根拠に基づいて問題を検証した結果、「油を変える」という、より効果の高い新たな選択肢が見つかったのだ。

## 頭をクリアにする環境を整える

実際、私が普段、最も頭を使っていることは「最も頭を使える環境を作り出すこと」。具体的に日々心がけていることは、下記の通りである。

## 1　身体のコンディショニング

・良質な油の摂取、栄養バランス、良質な睡眠、ストレッチなど

・情報とノイズの遮断（パソコンから離れる、テレビを見ない、新聞を読まないなど）

## 2　ストレスの軽減

・会う人を選ぶ

・人の多いところに行かない（満員電車に乗らないなど）

## 3　静謐《せいひつ》な空間の追求

・整理整頓

・雑音の遮断など

他に、**掃除も有効**である。

試験直前に無性に掃除をしたくなる現象を人は現実逃避だと言うが、ある東大の

教授は、掃除はリエントロピー、つまり意識の凝縮であると指摘する。机や部屋が散らかっていると意識がそこにベタベタと吸着して拡散してしまうので、肝心の思考作業に割く脳の処理能力が知らず知らずのうちに不足するのである。第1章で紹介した思考と情報のパラドクスは、生活空間にもそのまま当てはまる。

スティーブ・ジョブズ氏はモノがほとんど置いていない家に住んでいたことで有名だが、思考という観点で言えば、モノがない状態が一番意識を整えやすい環境であるということだ。その意味で言えば、近藤麻理恵《こんどうまりえ》氏の本『人生がときめく片づけの魔法』（サンマーク出版）がニューヨークで大ヒットしたのもうなずける。

## 仕事で判断の質を上げる簡単な方法とは？

これまでくり返し伝えてきたように、思考とは、次元を超えて意識を縦横無尽に動かし、情報や知識、概念をピックアップして分離・結合させる作業である。そのため動かす筋肉（意識）も整っていなければならない。

アスリートが運動する前に身体のストレッチを入念に行うように、もしくは弓道の世界で弓を引くまでの所作が重視されるように、ブレイン・アスリートにとって意識を整えることは基本所作である。それができていないと意識は全体を俯瞰する高度まで上がらない。

世間ではマインドフルネスが流行っている。正確な表現はマインドフルではなく、マインド（自我）レスであるべきだが、この流行も情報過多の社会において「とっちらかった自分」をどうにかしたいという潜在的な欲求があるからだろう。

一般的に悟り業界では、マインドとは自我（ノイズ）であり、意識を整えることによってそのマインドを溶かしていく作業が禅や瞑想である。定義はともかくとして、そのような自我を、すべてではないが溶かす作業は大変有効である。

**意識を整える一番簡単な方法は、呼吸の仕方**である。

私は考える仕事に取り掛かる前に、必ず呼吸を整える。ＹｏｕＴｕｂｅでハタ呼吸法の5〜6分の動画を流しながらそれに合わせて呼吸を整え、自我（マインド）をノイズアウトする。**最も生産性の高い仕事とは「本質を突いた判断をすること」であり、落ち着いて整った意識の状態こそが判断の質を上げる。**

## 本質にたどりつくには「洞察力」が欠かせない

意識が整ったら具体的な思考作業に入る。

イメージとしては意識という名のドローンを徐々に上空へ上げることだが、実際には時空間の幅を広げつつ、対象の裏の裏のそのまた裏を探っていくという立体的で複雑な作業になる。

このプロセスは正直、言語化するのが難しい。実際にスタッフや同僚の前で、あるいは企業の研修中に身振り手振りで行って見せても、はたから見ればポカーンとしているだけなので、その意識の動きは伝わりづらい。何ヶ月も一緒にいながら所作を見てもらい、試してもらい、考えた成果物を添削するという徒弟制度的な方法でしか伝わらないと思っている。よって大半の人がこのステップで挫折する。

「抽象化しないといけない」「俯瞰しないといけない」とわかっていても簡単にいかない理由は、抽象化するという作業は、線のように細長く、論理的な作業ではなく、洞察的で形而上的（理念的）な作業であるからだ。やるべきことはあくまでも

**意識をより高い次元にスライドさせること**である。

たとえば業務レベルの上位概念が部署レベルで、その上が会社レベルであるといった目に見える連鎖はわかりやすい。でもそこで地球環境や貨幣・経済のこと、20年後の自分のことまで考えられるかと言えば、根気よく鍛錬するしかない。

では論理的な人ほど抽象化が得意なのかと言ったらそうでもなく、**「イメージング する力（右脳）」と「ロジカル・シンキング（左脳）」の両方があってはじめて物事の本質へとたどりつくことができる。**

稀代の戦略家・クラウゼヴィッツ氏は『戦争論』（中公文庫）で次のように述べている。

「論理的に導かれた結果は、あくまでも〝判断を助ける道具〟として扱わねばならない。知性の活動は、論理学や数学といった厳密な科学の領域を離れ、最も広い意味での**芸術の領域に入る。**ここでいう芸術とは、数えきれないほどの事象や関係の中から、決定的に重要なものを、判断力を働かせて見つけ出す技能である。言うまでもなく、この判断力には、すべての力や関係を本能的に比較する能力が含まれている。同時にそれは、関連性の低いものや重要性の低いものを即座に脇へ押しやり、演繹《えんえき》法では到底不可能な速さで当面の最重要課題を認識するのである」

つまり、本質的な思考は左脳から生み出される論理的思考でもなく、右脳的な直感力や創造力だけでもないということである。それは人間の持つ左脳と右脳の不思議で微妙なバランスによって生み出される**洞察力**にある。

私が考えるに、「なぜそうなっているのか？」という論理的問いを考え続け、どんなときもその問題意識を頭の片隅に残しておくと、とうとう最後にしびれを切らした右脳が働き、ひらめきを与えてくれるという寸法ではないかと思っている。

抽象化や俯瞰の話をすると、会社員生活の長い人はよく「まあ、確かに知識や経験を積み上げることで、目の前の仕事だけではなく隣の部署や会社全体や業界全体にも目が向くようになるし、それが会社員としての成長だよね」といった類の話をする。それはたしかにそうだが、あまりにのんびりしすぎている印象を受ける。圧倒的な成果を出したい（早く成長したい、もしくはイノベーションを起こしたい）のであれば、超スパルタのブレイン・トレーニング（頭の筋トレ）をする感覚で、**「メタな視点を持つ」「物事の裏側を見続ける」ということをストイックに実践し続けなければならない。**

# 物事を考えるのに役立つ
# 4つのツール

単に意識をコントロールして縦横無尽に動かし、俯瞰・抽象化せよ、と言ってもメタな視点を持っていなければ仕方がない。そこで出てくるのが物事を考えるための補助線となるツールである。具体的に言うと、物事を分解するためのツールと、物事の関係を考えるためのツールである。

物事の関係性を考えるときの大きな武器となるのが、全体を正しく分ける技術であり、物事の分け方を知っておくことである。

会議で議論が錯綜《さくそう》しているときにズバッと核心を突く発言ができる人がいると思うが、そういう人は必ずしも頭の回転が速いわけではない。入ってくる情報をその都度、きれいに整理するコツを知っているのだ。

ではそのコツを身につけるにはどうしたら良いか？
一つはビジネスの世界で頻繁に耳にするＭＥＣＥ《ミーシー》が有効である。

## 「ＭＥＣＥ」で物事を全体的に整理する

ＭＥＣＥはMutually Exclusive and Collectively Exhaustiveの頭文字を取った言葉で、**「相互に背反しているが、それらの総和は世の中のすべてを包括する」**という意味である。モレなく、ダブりなく情報を仕分ける方法で、マーケティングやビジネス戦略用語としてもよく使われる手法でもある。インターネットで検索すれば、たくさんの事例が出てくる。

我々ビジネスパーソンは日々様々な課題解決を図っている。しかしその課題は複雑な問題が絡み合っているケースも多い。そこでそれぞれを小さな要素に細分化してシンプルにすることで、より集中して解決策を検討することが可能になる。これを「構造化」と言うが、この構造化の指針となるのがＭＥＣＥというわけである。

もし情報のダブりやモレがあると、全体像を正しく把握できず、正しい判断を下せなくなる可能性がある。効率も悪くなるだろう。しかしMECEを使って考えることが習慣になっていると思考のモレが起きにくくなり、問題解決に向けてスピーディに進めることができる。

## 「二項対立」で物事を正しく分ける

**物事の全体を正しく分けるためには、物事を考えるときにいつも「ペア」を想起し、その相手を考えること**である。このペアのことを**二項《にこう》対立**と言う。「抽象と具体」「長期的と短期的」「効率と効果」「インプットとアウトプット」「量と質」「入口と出口」などのことである（次ページの図16）。

こうした普遍的な二項対立を頭に入れておくことで、分解能力は飛躍的に上がる。慣れてくると対立する内容を自然と考えるようになるので、ほぼ自動的に一段上の次元から対象を捉えることができる。一段上から捉えることで、新たな視点と選択肢を持つことができるのだ。二項対立は思考家にとってイロハのイであり、これがないと仕事にならない。ちなみに私がいつも使っている二項対立は2つある。

## 図16　知っておくと便利な二項対立

原因／結果
短期的／長期的
量／質
効率性／効果性
過去／未来
静的／動的
定量的／定性的
すべきか？／できるか？
コンテキスト（文脈）／コンテンツ（内容）
理論／実践
投資／効果
目的／手段
インプット（投資）／アウトプット（回収）
最初／最後
相対的／絶対的
自分／他人
切片／傾き
Shrink（縮小）／grow（成長）
売上／コスト
直接的／間接的
求心力／遠心力
器／魂
固定／変動
プラン／実行
右脳／左脳
潜在／顕在
自動／他動
進む力／方向性
主観／客観
主体／客体
High／Low
広さ／深さ
部分／全体
価値／価格
コントローラブル／アンコントローラブル
具体的／抽象的
属性（特徴）／志向（考え方）
個別／共通
連続／単一
多様性／均一性
私的（Private）／公的（Public）
能力／人格
進化／減退
多角化／集中化
競争／共創
事業部制／機能組織
自分のため／他人のため
義務／権利
悲観／楽観
Mental／Physical
借方／貸方
成長欲求／欠乏欲求
パイの拡大／パイの分配
経済性／実現性
損得／好悪
男／女
緩／急
アメ／ムチ
ハード／ソフト

「目的と手段」と「原因と結果」である。

なお、**二項対立は「善と悪」や「重要と非重要」といった価値概念の対立は含まないため、物事を公平に分けることができる。**

## 1 目的と手段

この分け方が役に立つ理由は2つある。

一つは「目的はさらに上にある目的の手段となっている」という法則が成り立つためだ。つまり、対象を見たときに「これが手段だとしたら、目的は何だ？」という疑問が湧いてくる。もう一つは「手段は常に代替可能である」という法則があるからだ。ある手段を試して万が一うまくいかなくても、この二項対立の考え方を通じて別の手段を想定しておくとうまくいくことが多い。

## 2 原因と結果

大半の人は「結果」しか見ないが、本質的な課題は常に「原因」にある。

たとえば今期の売上が前年比30％増の20億円になったからと言って、来期の売り上げが25億円になるとは限らない。20億円は結果であり、その数字につながった原因、すなわち何かしらの仕組みがある。もし来期に25億円を目指したいなら、分析すべきは原因であるこの仕組みであり、その仕組みを明らかにしたうえでそれが来期も通用するのかという分析を行わなければならない（図17）。

世界最高の投資家であるウォーレン・バフェット氏は、「株式投資の極意は何か？」と聞かれて次のように答えた。

「私は、投資という分野では代数の知識の必要性を感じておりません。企業の価値の源泉を探ることだけが私の仕事なのです」

世の中の証券マンが上側の世界（結果の世界）で複雑な専門用語を用いながら必死に顧客に株を売りつけようと努力しているとき、バフェット氏は下側の世界（原因の世界）にいて、「その鶏は、来期にどれだけの卵を産むのだろうか？」とゆっくり考えているのだ。

## 図17　因果のマトリクス

・企業価値評価の本質は、バリューの「源泉」を見抜くこと
・将来の「価値を生むしくみ」の本質を突き止め、
　その価値を測るのが本当の企業価値評価

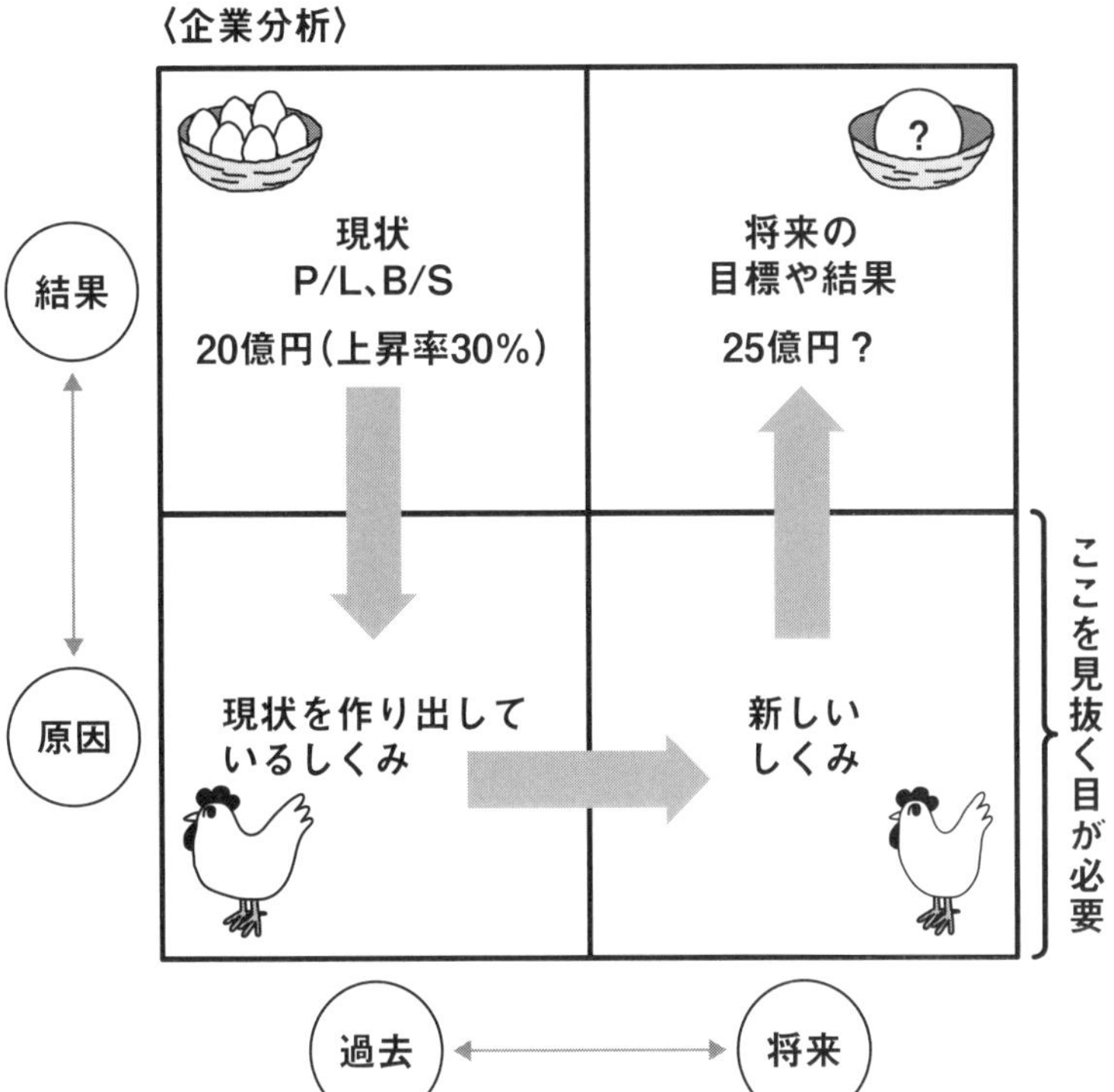

## 「ロジックツリー」で物事を分解・整理する

ＭＥＣＥと二項対立に加え、もう一つ紹介するのが、皆がよく知っているロジックツリーである。

ロジックツリーは個々の物事を分解・整理するためのツールである。問題に構造を与える分解表記法とも言える。ロジックツリーについては様々な本にまとめられているので参照してほしい。

ここではロジックツリーを作成するときのコツについてまとめておく（図18）。

たとえば96ページの図19のＡに「少子化問題」が入るとしたら、Ｂ〜Ｍには何が入るだろうか。少し考えてみてほしい。Ｂ〜Ｅは5分以内、Ｆ〜Ｉは10分以内に入れられるようになればこの問題は合格である（解答例は97ページの図20参照）。

## 図18　ロジックツリーをうまく作るコツ

- 可能であれば「２つ」に分ける
- ２つに分けたときの「ペア」をいつも考える
- 普遍的な二項対立を多く知っておく
- 思い浮かぶ具体的な項目の「意味合い」を抽象化・概念化してみる
（例：車ならデザインや所有欲など）
- 頭が混乱したら、トイレやお風呂で考えてみる
- 「それ」と「それ以外」に分けてみる
- 具体的に取るべきアクションが見つかるまで掘ってみる
- 個別の解決策とともに、総合的な解決策も考える
- 不安なときは、他人にチェックしてもらう
（２～３種類のロジックツリーを作って相互にチェックする）

## 図19　ロジックツリー

Aが以下の場合、B～Mには何が入るだろうか？
・少子化問題
・年金問題

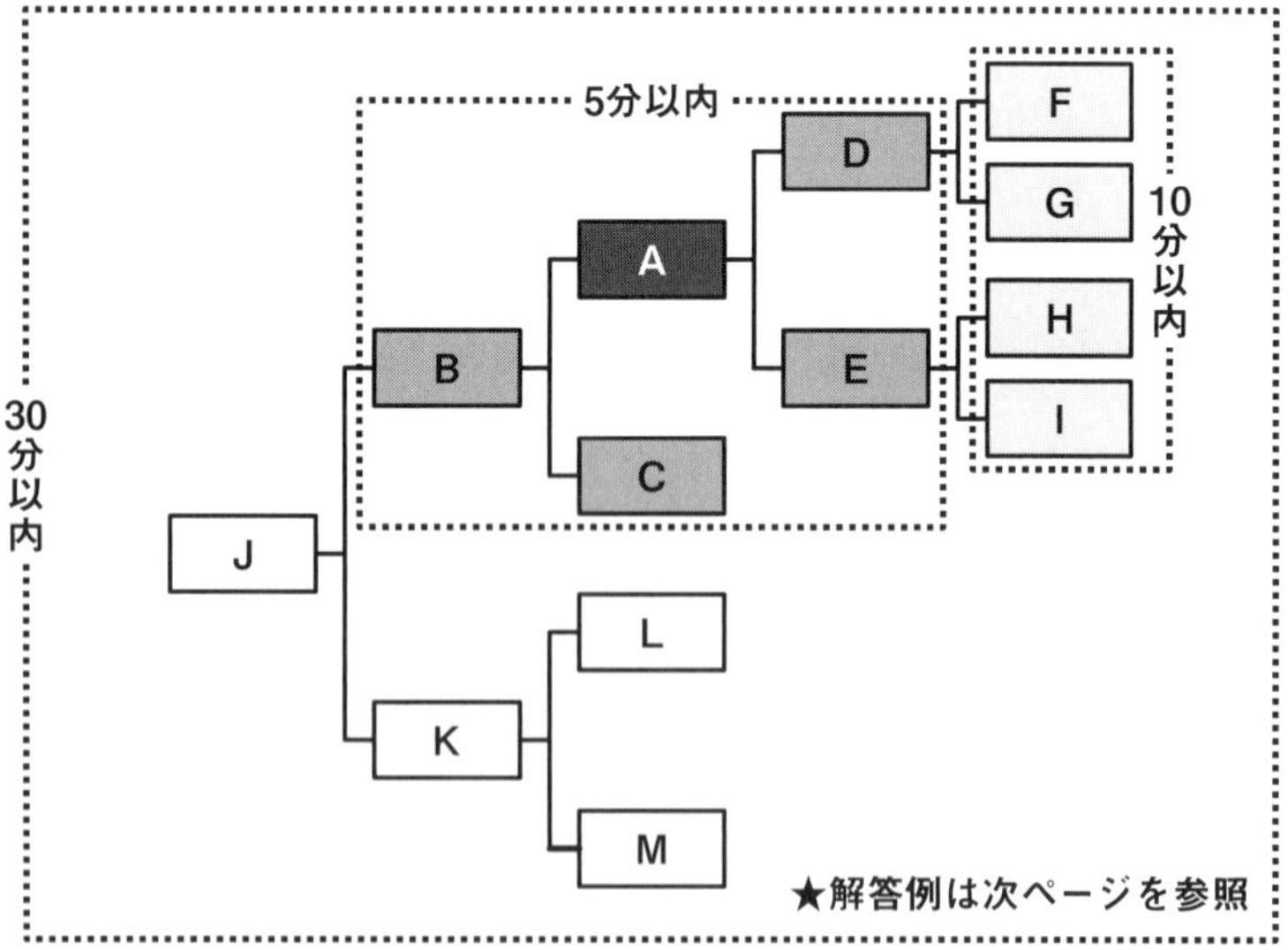

## 図20　ロジックツリーの解答例

### 少子化問題

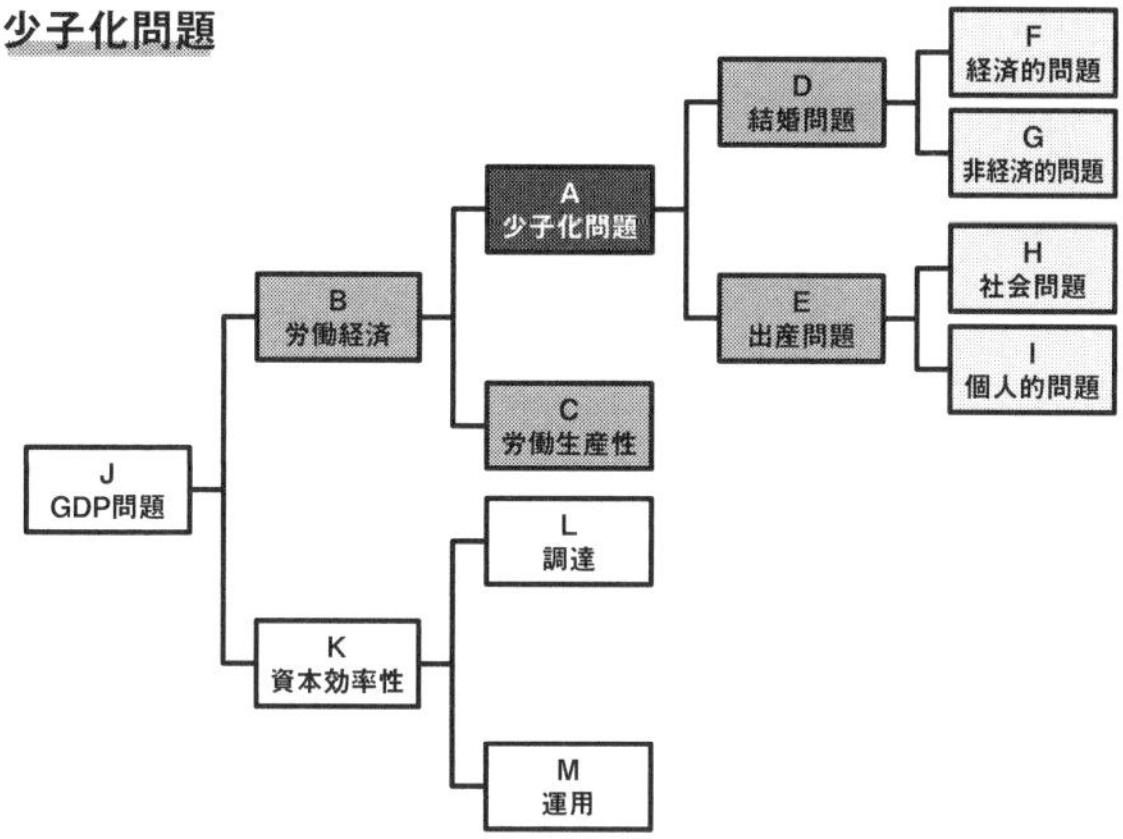


### 年金問題

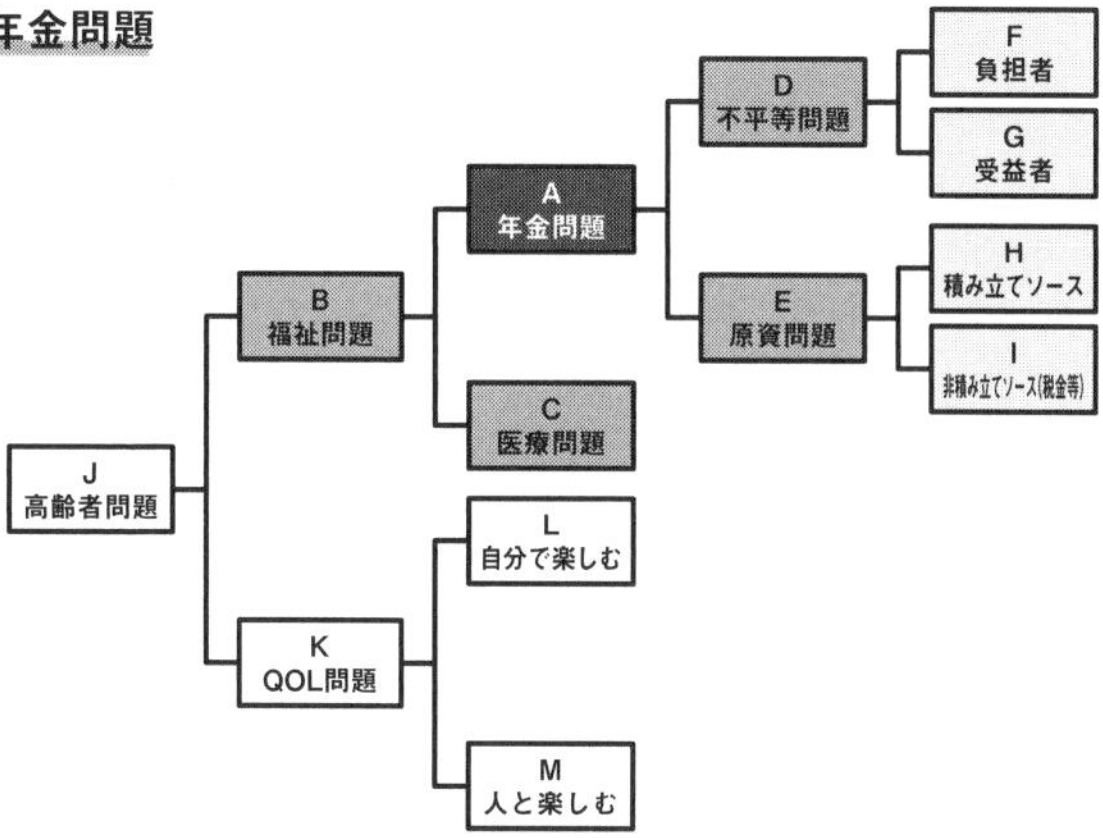

## 「コーザリティマップ」で物事の関係を考える

ロジックツリーは物事を分解するのは得意だが、個別の物事の関係を整理するのには適していない。そこで出てくるのがコーザリティマップである（コーザリティとは「因果」を意味するcausalityのこと）。

同じテーマでも、図21の上図のようにロジックツリーで整理するのと、下図のようにコーザリティマップで整理するのとでは異なる。

ロジックツリーは構造の分解を行ううえで役立つが、コーザリティマップではさらに**物事の循環・流れを明らかにすることができる**。

物事は分断されず有機的につながっているはずだ。それを明示的にするのがコーザリティマップである。コーザリティマップが描けるようになると、より深いレベルで考えを導き出すことができるだろう。

## 図21　不動産投資判断のロジックツリーとコーザリティマップ

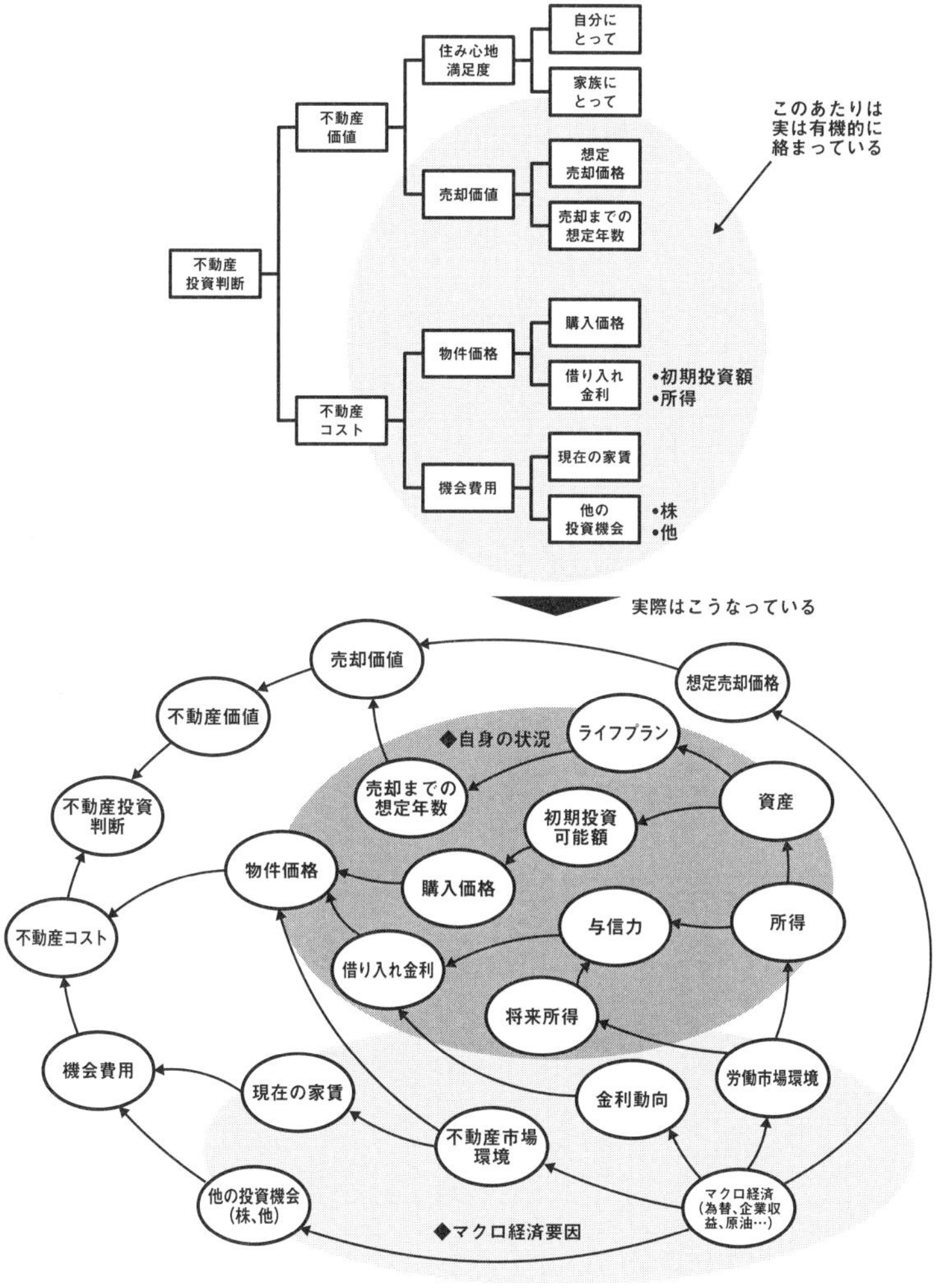

# 未来をも見通す思考の哲学

## すべては分かれているように見えてつながっている

先ほど、物事は有機的につながっていると伝えたが、私の考え方の根本にあるコンセプトは、**「すべては分かれているように見えて、有機的なつながりを持っている」**ということ。ワンネス（全一性）の証明がライフワークだと思っている。

たとえばニューヨークのメトロポリタン美術館が面白いのは、個々の美術品が美しいからだけではない。エジプト、アッシリア、ギリシャやヘレニズムへと続くそれぞれの美術品が、ある種の類似性や連続性を持って地理的に継承されていることが、全体を通してわかる構造になっているからだ。

私にとって面白さとは個体ではなく、個体と個体の間の有機的な関係にある。だから、物事を常に広い視野で捉えては関係性を把握することに努めるし、何かに固執し没頭していることに気がついたら自戒する。常に興味の対象は移り変わり、個体と個体の間を行き来する。

物事を解決しようとするときは一つひとつの要素を分解して個別理解することもときには大事だが、**「あらゆる問題は実は有機的につながっていて、問題の本質はもっと根本的なところにある」と考えることが重要**だ。「これは独立したものだ」と別個に考えているうちは思考しきれていない状態だと判断できる。

「モナ・リザ」や「最後の晩餐《ばんさん》」などを描いたレオナルド・ダ・ヴィンチは画家のイメージが強いが、彼が残した業績は天文学、建築学、解剖学、物理学など多岐にわたる。人は彼を「万能人（uomo universale）」と呼ぶが、それは大きな嘘である。

彼の才能は**思考の広さ**の一点にある。アートも、人の骨格も、ヘリコプターの概念図もすべて同列で見ていた。ただ、社会の中で受け入れられたのがアートだった、という話である。

今やその実力が世界で認められている映画監督の北野《きたの》武《たけし》氏も全く同じだ。いまだに彼の創作を見て「お笑い芸人が何やっているの」という印象を持つ人がいるが、彼にとっては漫才も絵画も映画も小説も、すべてつながっている。

お笑いという器だけでは彼の世界観を到底表現しきれないから絵も描くし、映画も撮るし、小説の創作活動に励むのである。彼の時代にはお笑いという出口しかなかったので、「お笑いの人」というイメージが定着してしまっただけだ。

ここが社会の寂しいところで、**社会で受け入れられるときはそのアウトプットの一部しか評価されない**。ダ・ヴィンチの場合はルネッサンス時代のテンペラ画、北野武氏の場合は1980年代のテレビやラジオだった。

「すべてのものは有機的なつながりを持っており、万事は一つに帰結する」というワンネス哲学に立つことで自ずと視野が広がり、物事の背景にあるつながり（因果関係）を探ろうという意識が働く。

逆に言えば、世の中の有機性を無視してしまうと社会の無機化（分解）だけが加速してしまう。分解することによって効率は上がるかもしれないが、そこからイノベーションは生まれない。オペレーションを改善するにすぎない。それでは本質的な問題を解決させることはできないだろう。

価値創造はあくまでも分解したピースを統合したときに生まれるものである。

企業を見ていても、営業部、開発推進部、企画部など、部署ごとに分断された枠組みでしか議論がなされていない。それでは、イノベーションは起こらない。本来それを統合するのが経営者の役割だが、大局観を持った経営者は多くない。

従来の思考論のメインストリームは、効率化（ROEなど）と要素還元、そして大局観がほぼ同等の扱いで「三種の神器」とされてきた。しかしその価値は下がった。

今、**本当に大事なことは思考による俯瞰的な問題解決方法だけ**なのである。

具体的には、「すべては、らせん的に生成・発展している」と考えることである。

すべてがらせん的に発展するという前提に立てば、過去の事象・現在の状態から、次にどの方向に行くか、どういうレベルで上昇・進化するのかを洞察できる（次ページの図22）。これは未来を推察するための大きな手がかりになる。

## 図22　問題解決と過去の考察

・今を語るだけでなく、歴史を振り返る
・現在の位置付けを明らかにし、そこから洞察される未来を語る

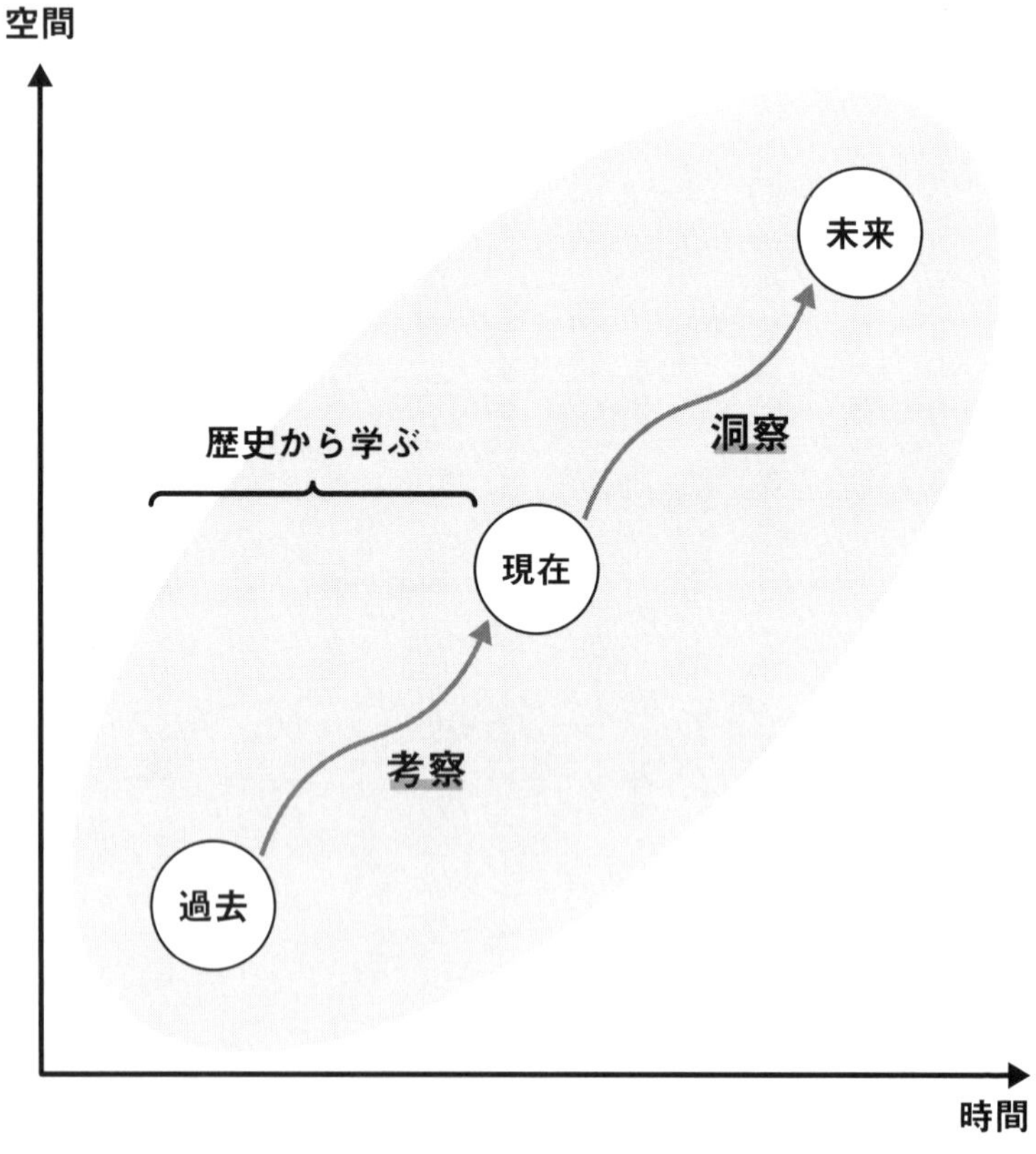

## 最後は考えるのをやめてみる

ひたすら考えた後は、**「考えるのを一度やめてみる」ことが大切**である。

自分自身の経験から究極的に、「思考を完全にやめた後に解が浮かび上がってくる」という状況があった。

考えに考え、最後に思考するのをやめたときに、答えが自然と浮かび上がってくるのだ。それを考えると本質解は、実は最初から「ある」のではないか。そしてそれに対する「気づき」を得ることのほうが重要なのではないかと思うようになった。

私自身はこのような思考の哲学を使って、いつも物事を考えるようにしている。

考えることは、なかなか辛い作業である。そうまでして、「考える」という作業を続けることは、ある種の「意思」であることがわかる。

**情報の流れに逆らい、自分の頭を使って前提や常識に立ち向かう意思こそが、今の時代に求められるリテラシー**だ。**考える意思と努力こそが、日々凝り固まり続ける固定観念への最後の抵抗力となり、世界を自由にする翼**なのだ。

第 3 章

# 2020年から先の世界を生き抜く方法を考える

# アフターオリンピック（2020年以降）の世界

ここまで、「考える」ということについて論じてきた。

本章では具体的なテーマに焦点を当てて、その変化の本質を考えてみたい。テーマとするのは、読者の生活やキャリアに直接関わる2020年以降の社会・お金・仕事・個人の、意識の変化の本質である。

私はこの国は、2020年の東京オリンピックを境として大きく変化すると考えている。オリンピックまでは1960年代から作り上げてきた旧社会システム・既存産業をなんとか温存しようとするだろう。だがオリンピック後の2022年から2023年にかけてそれも崩れていく。新旧体制（社会システムと産業）の交代が起こるのはちょうど大阪万博の開催される2025年以降だと推察する（図23）。

当然この4つのテーマは複雑に絡み合っている。社会と個人は常に対立的な概念

## 図23　オリンピック後の日本の動き予測

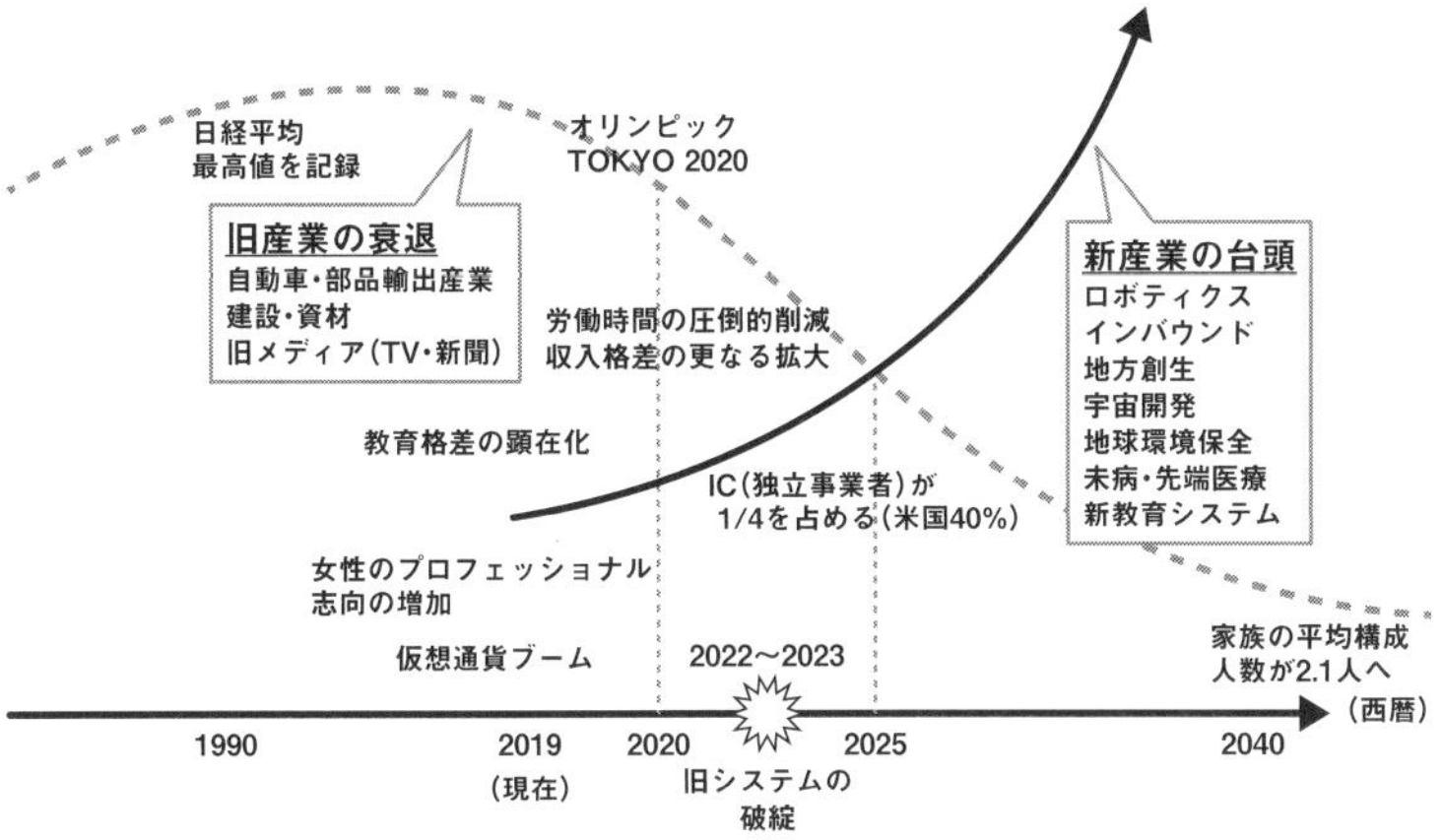


| | | | |
|---|---|---|---|
| 仕事 | 女性のプロフェッショナル志向の増加 | 労働時間の圧倒的削減<br>収入格差の更なる拡大 | IC(独立事業者)が1/4を占める(米国40%) |
| お金 | 仮想通貨ブーム(ビットコイン等) | ネット通貨／時間通貨／個人の信用通貨等の出現 | アジア／世界の統一通貨<br>グローバルな贈与経済 |
| 財政 | 中央銀行の金融政策の失敗で経済混乱 | 徳政令か強制徴収か戦争 | 長期停滞かデフォルト<br>コンソーシアムへ併合 |
| 社会 | SNSから、CNS(Credit Network Society)へ | 小さなコミュニティの乱立時代へ | 強固な地域共同体とグローバルな価値観共同体の併存 |
| 結婚・家族 | 共依存関係から主体的パートナーシップへ移行 | 女性の８%が経済的自立<br>家庭管理費用の劇的低下 | 家族の平均構成人数が２人へ |
| 東京 | 開発バブル | アジアの“お墨付き”市場へ | 開発バブルのツケの支払い<br>メトロポリタン化の問題(移民等)への対応 |
| 地方 | 地方創生ブーム | 行政代行ビジネス(納税・警察・社保)や金融 | ブロック型の都市国家(5〜13ヵ国)へ |
| 価値観 | 承認欲求バブルの崩壊 | 成長欲求がニーズの中心へ | 創造欲求がニーズの中心へ |
| 教育 | 教育格差の顕在化 | 公教育改革の流れ<br>遠隔／場／旅の３つの手法へ | 12歳までに人生のキャリアが決まるしくみへ |
| 産業 | ベンチャーブーム終焉 | 政府が本気で新産業創生へ | 健康科学／地球環境学／娯楽(ドラッグ・カジノ)／監視システムとセキュリティ・保険サービス／ロボティクス／宇宙開発 |

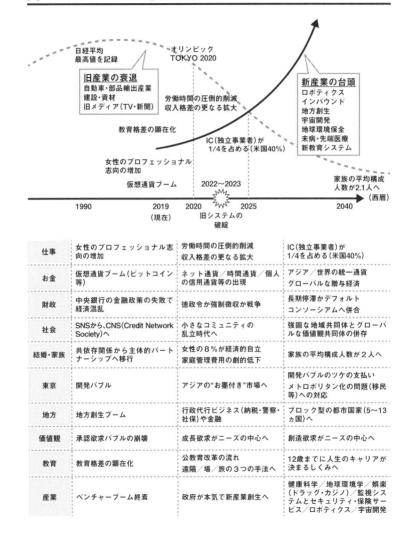

であるし、個人は仕事を通してお金を得る関係にある。お金は社会の共通言語であり、個人が生きてゆくための最低限の原資である。

## 2020年以降の日本はこうなる

では今後の日本はどのように変化するのか、先にそのあらすじを書いておこう。

まず、社会に個人の人生を当てはめてきた時代が終わりを迎える。日本という単一社会は溶解し、いくつかのコミュニティに分化する。人々は自分が快適に過ごせるコミュニティに所属し、そこに溶け込んでいくだろう。一人が複数のコミュニティを掛け持ちすることが当たり前になる。それぞれがまるで複数の人格を持ったかのように各共同体の中に溶けていくのだ（図24）。

そして個人は社会という存在に対し、冷たい眼差しを向けるようになるだろう。社会との付き合いは最低限の及第点さえ取れれば十分だと考えるようになる。

コミュニティは基本的にヨコ社会である。そこでの言語は従来のお金ではなく価値観や信用・貢献・品位である。お金はタテ社会における言語として残るが、ヨコ

## 図24　社会とお金、仕事、個人は溶けていく

〈2019年以前〉

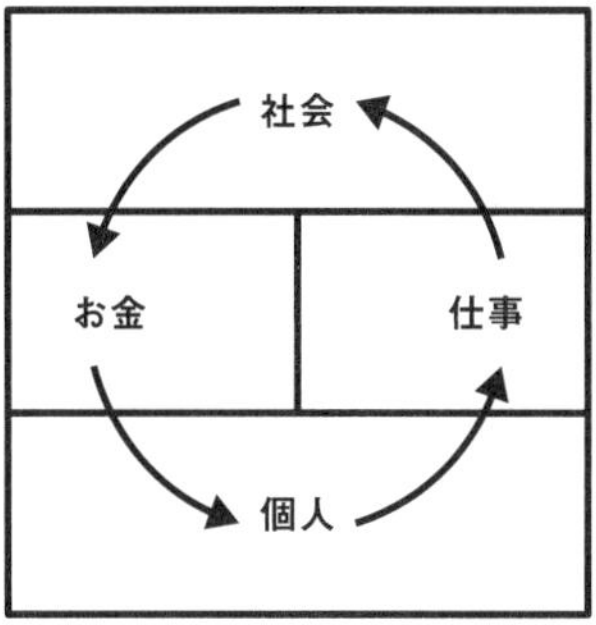


・「ソサエティ」から「コミュニティ」へ
・「お金」から「信用」へ
・仕事は「労働」から
コミュニティへの「貢献」へ
・「個人」よりも個人と個人の「関係」へ

〈2020年以降〉

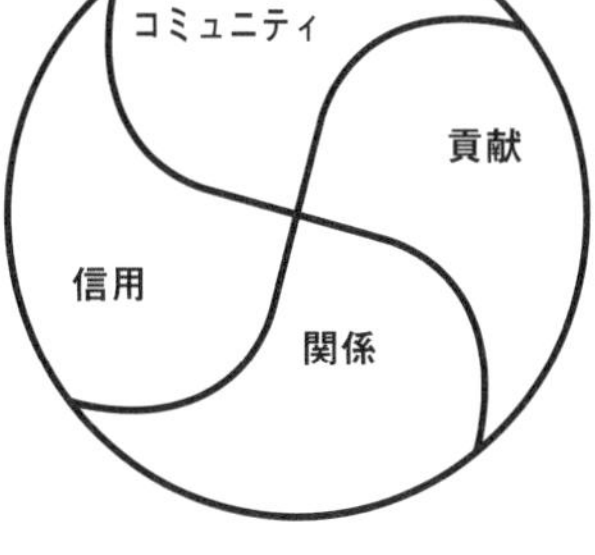

社会（コミュニティ）の中では通用しない。お金は**主に価値観やスタイルの異なるコミュニティとコミュニティの間の言語として使われることになる。**そしてコミュニティは進化し、やがて独自の法律やルールを持つようになるだろう。

一方で、個人と仕事は結合する。**仕事とは、個人の天才性を周りの環境へはめ込む作業となる。仕事の定義は労働からコミュニティへの「貢献」へと変わる。**相手の感情を知覚する力が尊ばれる。

仕事とその時間は、価値や貢献と比例しなくなる。誰に対して何をどのように提供するかが合致してさえいれば、短時間でも大いに貢献となる。さらに言えば、何もしなくても、存在するだけで貢献している人もいる。人々が自らの所属するコミュニティに対して、仕事を通して貢献することによって、コミュニティは「共同体」から「経済体」へと進化し、外部に対しても価値創造（貢献）をするようになってますます発展する。コミュニティがお金を稼ぎ、新興のコミュニティが新しい独自通貨を発行するだろう。

# お金はこの先どう変化するか？

## お金は信用へと回帰する

ここからは具体的にお金・社会・仕事・個人の変化について述べていこう。

まず、お金が今後どのように変わっていくのかを考えていきたい。

2018年は仮想通貨が大きな盛り上がりを見せた。それによって損した人も得した人もいるだろう。だがそんなことは大した問題ではない。ことの本質は、お金のそもそもの定義が問い直されたことである。

多くの人は考えた。「一体お金とは何なのか？」と。これまで円やドルがお金だと思っていたが、仮想通貨という新たなお金の出現によって、お金そのものの概念を考え直そうという機運が高まったことが最も重要な変化である。

そもそも**お金とは「外部化された信用」のこと**。もともと信用のある母体が発行することで流通可能となった産物である。

人類のお金の歴史を紐解けば、お金のない時代は「記帳」が経済取引の中心だった。記帳とはあげたもの、もらったものをお互いに刻んでおく行為である。

やがて富の担保を持つ人や組織や国がその信用を外部化し始めた。具体的には、硬貨や紙幣を発行することによって現代のお金の仕組みが成立した。

国家としてお金を最初に発行した中央銀行はイングランド銀行と言われているが、その歴史はわずか300年ほど前のことである。国家がお金の信用を担保するというモデルは未来永劫続く普遍的な仕組みではない。

現在起こっている国家の凋落や、飛び抜けた信用を持つ個人や企業の台頭、またアルゴリズムを信用保全の背景に持つブロックチェーンなどの出現によって、早晩国家が発行するお金が中心でなくなる可能性がある。

それどころか、人が経済活動で求めるものの中心が水や食料などの消費材から、人からの承認や人とのつながり・関係の構築へとシフトすれば、活動においてお金そのものが使いにくい価値交換ツールとなる可能性だってある。

人やシステムからのレビューによってできることや付き合える人が決まる時代では、お金自体の重要性は減っていくだろう。

私たちは今こそ、お金の本質を眺め直さなければならない。

## 「お金」より「信用」を貯めよ

お金と信用の関係についてより深く見ていこう。

これまで述べてきたように、21世紀は個人がお金の代わりになるような信用を創る時代である。これは信用主義経済と言える。

信用主義経済へ向けた動きはすでに起きている。家を借りるために不動産屋に行き、車を手に入れるためにカーディーラーに行き、家具を買うために家具屋に行くのは今世紀の生き方ではない。家も車も家具も、近くの私的ネットワークで手に入れることができる。

日本全土の空室率は25％に達し、乗用車は6000万台あり、この数字は10年前と変わっていない。つまりモノは世の中にあり余っているということだ。80万円のベッドも100万円の新古車も、知識を持ち、丁寧で誠実であれば、個人間取引アプリのメルカリで10万円も払えば手に入れることができるのだ。

ちなみに私は2018年6月まで東京と長野の軽井沢で2拠点生活を送っていたが、軽井沢の家は、知人から破格の値段で借り受けて住まわせてもらっていた。

このように、わざわざ店舗まで行き、お金を払ってモノやサービスを手に入れる必要が日に日に薄れている。あえて実店舗で買う必要があるのは生活必需品だけ。欠かせないものは交通機関くらいで、中央銀行通貨を介さずに互いに価値を交換する度合いが急激に高まっているのだ。

これらの変化を知らない人ほどお金に執着するが、それは旧時代のパラダイムである。クラウドファンディングやVALUなど、信用を現金化するツールがこれだけ浸透して手軽に使えるようになると、お金を貯めるのではなく、**信用を貯めるほうが有効である**ことは自明だろう。

念のため補足すると、クラウドファンディングは、発案者が何らかのプロジェクトを提案し、それに対して賛同者がお金を投じる仕組みである。VALUとは、個人が模擬株式を発行し、オンライン上で売買できるシステムのこと。ユーザーは、「VALU」と呼ばれる模擬株式を仮想通貨（ビットコイン）で発行し、他のユーザーに買ってもらうことで資金を調達できる。

かつて信用は一つの村や島でしか流通できなかったが、今では世界のどこでも流通しうる。この変化にもっと多くの人は気づくべきだ。

21世紀に行うべきことは一時的な評価や一攫千金《いっかくせんきん》を得ることではなく、**ネットワークを広げ、その網の中に信用を編み込んでいくこと**に尽きる。

## ランク社会で人の時価総額が決まる

私は2013年に『なぜゴッホは貧乏で、ピカソは金持ちだったのか？』（ダイヤモンド社）の中で、SNSは個人の信用を格付けするインフラになると書いたが、まさにその通りになった。**フォロワー数とつながりの密度は偏差値として換算され、個人の時価総額や時間単価の計算に使われている。**

厳密に言えば信用とお金の中間には「フォロワー」という存在もある。YouTuberをはじめとするいわゆるフォロワー経済がまさにそうだが、たとえば「フォロワー数が5000人以上いないとこのイベントには参加できません」といった大学入試センター試験の足切りのようなことが、今後は様々な場面で見られるようになるだろう。言ってみれば、「皆が〝上場〟している時代」である。

フェイスブックやツイッター、インスタグラム、その他のSNS、あるいはライフログのようなものも含め、**個人の信用が可視化される社会では、そこに参加する人すべてに「株価」がついている。**単なる「評価」ではなく「株価」とあえて言ったのは、「株価（＝信用）」は「評価（＝価値）」を積み上げたものだからだ。株が資産だと見なされるのと同じで、**個人の信用は限りなくマネーに近い存在となる。**

くり返すが、信用主義社会において大事なことは、現実のお金を持っていることではなく、**価値と信用を創造する力**だ。

現実のお金は信用の負債を抱えて作ったものかもしれないのだから、単純にお金さえあれば幸せというわけにはいかないのである。

しかも、価値と信用の創造は現実のお金を稼ぐことより難しい。だからこそ**「貨**

**幣化」していない部分を含めた信用残高こそ意識すべき**なのである。

そもそもお金は稼ぐのは才覚と運だが、使うのに必要なのは品格である。世界の長者番付に必ず登場するビル・ゲイツ氏はポリオ（急性灰白髄炎）の撲滅にコミットしている（ゲイツ家には、若いうちにたくさん稼いで、晩年に、稼いだお金の全額を社会事業に投じるという家訓があるそうだ）し、マーク・ザッカーバーグ氏は資産の99%を社会貢献に回している。ジェフ・ベゾス氏やイーロン・マスク氏は、宇宙開発にお金を投じている。

このように**お金の使い方に品格があるからこそ、彼らは信用されるの**である。

## 「縁」は「円」より強し

今後、私たちの信用残高は意識しようとしまいと様々なところに記録されていく。ブログはもはや個人の履歴書と化すだろうし、ツイッターのフォロワー数、電子出版での評判などは一つの貨幣価値となるだろう。転職活動ではレファレンス（裏付け）を取られるのが当たり前になり、信用のある人ほど様々な場面で恩恵が受けられるようになる。今はその過渡期なので多少の歪《いびつ》さは否めない。

たとえば単純にフォロワー数が多い人が富を手にする「フォロワー経済」に対して、疑問符を持つ人もいるだろう。「目立った者勝ち」の経済は信用主義経済の目指すところではない。

ただ近い将来、こうした状況はおそらくグーグルなどが変えるだろう。現時点のサーチエンジンは、フォロワーが多い人ほどページランクの上位に出る単純な仕組みにすぎないが、もしグーグルが特定の個人とのつながりや専門性などをデータとして取り込み、その信用性を算出する仕組みにアルゴリズムを入れ替えると、「量」だけではなく「質」が問われるようになる。その結果、「フォロワー経済の効果は薄まり、**その人の本質的な信用が検索結果として現れてくる**だろう。

「情報検索エンジン」ならぬ、「人材検索エンジン」の登場だ。

それはフリーランスや零細企業の経営者にとっては脅威でもある。もし「M&Aコンサル」と検索して自分が1ページ目に出てこなかったら仕事がなくなってしまうかもしれない。だから大切なのは個人間の信用である。

**縁は円より強し**。これは標語ではなく、事実だ。

## お金を生む5つの流れ

お金についてより深く考えるには、お金が生成されるまでに至った仕組みをまずは理解する必要があるだろう。

お金はお金、信用、価値、時間、健康（エネルギー）の枠組みで構成されている（次ページの図25）。

一番上が「お金」だ。そのレイヤーを支えるのが「信用」である。

信用主義経済が面白いのは、お金を稼ぐ手法が限られていた貨幣経済とは異なり、**信用を積む方法が無数に存在する**ということだ。言葉遣いや品格、教養、外見、おもてなし精神など、クリエイティビティの発揮しどころはたくさんある。

ただ、くり返しになるが、信用は一朝一夕で作られるものではない。**信用は価値の総和であり、価値がP／L（フロー）だとすれば、信用はB／S（ストック）**だ。よって「現金化できる信用」を増やすには、日頃から価値をコツコツと積み上げていくしかないのである。

## 図25　お金の5つのレイヤー

・お金は「お金、信用、価値」という３層構造からなる広義のマネーと、
それを下支えする原資の「時間、健康（エネルギー）」で成り立っている

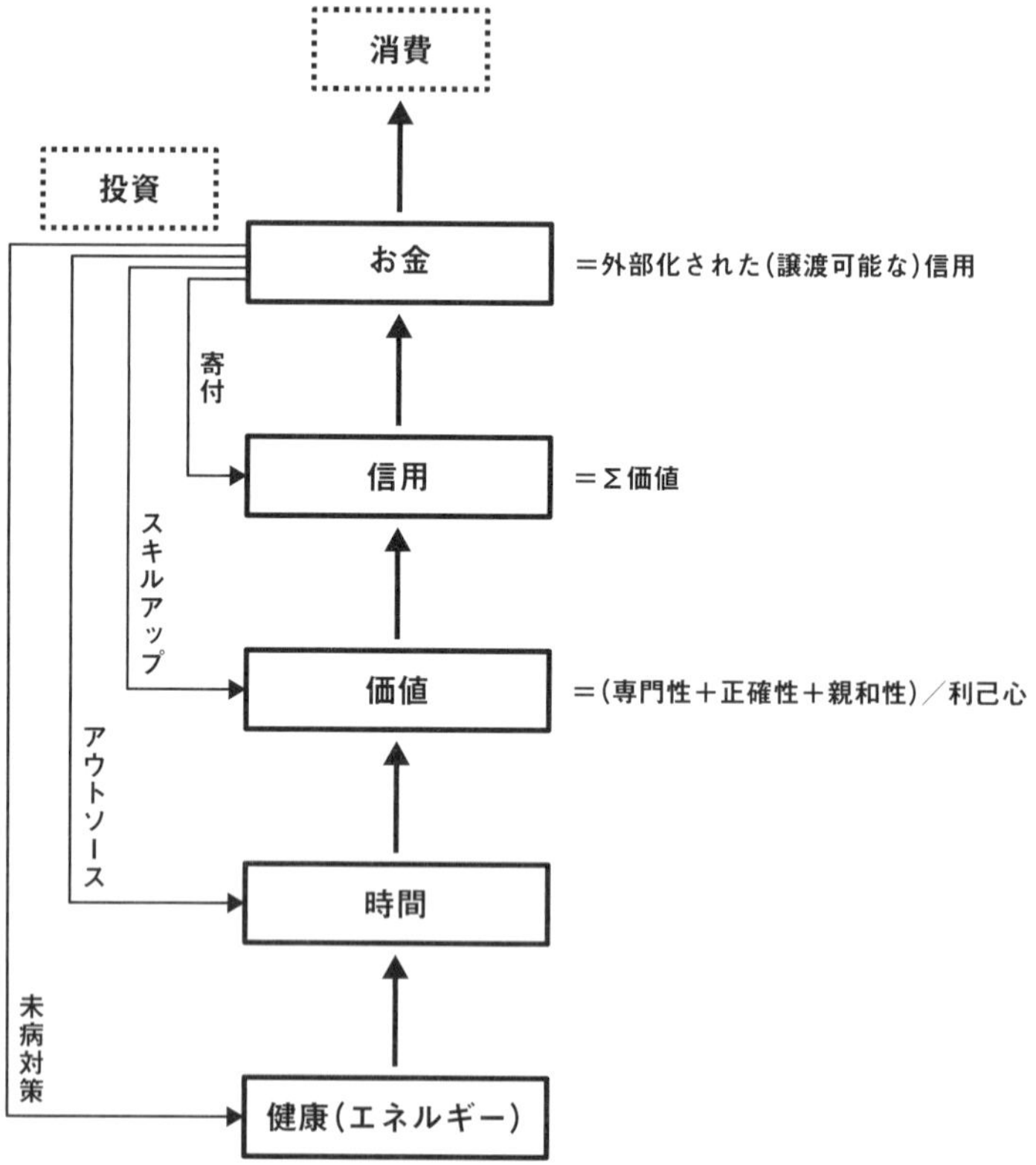

3層目の「価値」の生み出し方については後述するが、人が価値創造するには何より「時間」が必要である。そしてその「時間」の量を増やし、密度を濃くするには、「健康」に留意してエネルギーを貯めていかなければならない。健康だからこそ色々なことを考える余地が生まれるからだ。

お金がお金を生むという従来型の金儲けのスキームがなくなるわけではないが、これからの時代は**個々が価値創造に対してより能動的に関与していくことが求められる**。「身体が資本だ」とよく言うが、文字通り、**健康（エネルギー）がお金になる時代がやってくる**のだ。

時間にせよ、健康にせよ、それらは「お金、信用、価値」という3層構造からなる広義のマネーを下支えする「原資」であり、原資であるからこそ私たちはもっとそこに意識を向けなければならない。

## 「求めない人」ほど信用される

先ほどお金とは、外部化された信用と述べた。お金は、信用を数字の形にして流通可能な形態へと変えたものだ。具体的な事例で述べると、クラウドファンディングがわかりやすい。

お金を投じる目的は人それぞれだが、お金を集められるのは、プロジェクト自体の価値（構想力×実現力）と、プロジェクト発案者の信用による。特にプロジェクト発案者の信用は重要で、**より多くの人から好かれ、共感され、功徳を積んでいる人ほどお金を集めやすい**。クラウドファンディングは信用をお金に変えることができるわかりやすいシステムである。

もちろん銀行からの融資を受けるときや投資家からの出資を受けるときなど、いずれもその人の信用が問われる。やがて個人や企業や地域がトークンという形で通貨を発行する時代が来るだろうが、それもまた信用のなせるわざである。

つまり**信用の土台がなければお金を生むことはできない**ということだ。逆に現代では信用のATMからお金を引き出すことは容易になりつつある。1万円の土台には我が国の信用（経済力×徴税力）がある。1万円は単に1万円として存在しているのではなく、それを下支えする信用が存在するということだ。それは私たち個人でも同様である。金は信なり。まずは**お金を得る前に、信用を築かなければならない**。

私は2010年に自分の会社を諸事情で手放した。会社を売却したので現金は残ったが、それ以外は何もかも失い、大きな喪失感の中にいた。

そのときから私は徹底的に利己心をなくし、色々な案件が飛び込んできても基本的にお金を請求しないという生活を3年くらい続けた。

事業の相談に乗ってほしいと言われれば手弁当で向かうし、若い起業家に出資してほしいと言われれば破格の条件でお金を出した。出資先は宇宙開発事業、有機食品、海外ビジネスインターンシップ、アニメ制作、劇団、ロボット事業など様々だ。

結果的に私は無償で奉仕することで現金というマネーをいったん「価値」に交換して、その「価値」を積み重ねて「信用残高」を増やしていった。**求めないと、人は信用される。**結果として軽井沢で家を安く借りることも旅先で有用なネットワークを紹介してもらうことも日常品を譲ってもらうこともできた。

私はこれを「信用ロンダリング」と言っているが、信用主義経済への過渡期においては重要なことだと思う。**信用をお金に変えることは簡単にできても、お金を信用に変えるのは手間がかかる**からである。

## 利己心を小さくすれば価値を生み出せる

ではその信用はどのように構築されるかと言えば、価値の集積である。すなわち**人にどれだけ貢献してきたか、その積み重ねが信用という名のタンクに蓄積される**。これは目に見えるときも見えないときもある。営業マンであれば日々の営業成績が年次の人事評価となり、それが給与やボーナスという形で反映されるのでよくわかるだろう。

この法則はフリーランスや学生にも当てはまる。すなわち**他者への貢献（価値創造）の蓄積が信用となる**のだ。その信用をもってお金を引き出すことが可能となる。

では価値（貢献）はどういう形で評価できるのか。それにも方程式がある。

**価値＝（専門性＋正確性＋親和性）／利己心**である。

「専門性」はわかりやすいだろう。私の場合、企業分析やファイナンスといった職務上の強みがある。

「正確性」というのは生産管理で言うＱＣＤ（Quality Cost Delivery）に置き換えられる。つまり品質・約束・期日を守ること。いくら専門性が高くても、遅刻や当日キャンセルの常習犯だったらマイナスの価値になってしまうだろう。信用主義経済においては誠実さで食べていくことができる。

「親和性」というのは、人間的な魅力、愛嬌、相性、謙虚さなどのこと。仕事もできて真面目なのに、人間的に嫌われてしまっては価値が発揮できない。特にコミュニティが多層化し、ネットワーク型社会になっていくこれからの時代は、柔軟さが求められる。

最後の「利己心」とは、自分の利益を考えれば考えるほど価値が下がり、逆に相手のことを考えれば考えるほど価値が上がるという意味だ。ここも非常に重要なポイントで、**分母の利己心を限りなく小さくすれば、分子の専門性や正確性、親和性が小さくても価値は生み出せる**ということだ。

## 時間の価値はますます上がっていく

価値の蓄積が信用となり、それを外部化してお金に変換すると書いた。

では価値を作り出す要素は何かと言えば、やはり時間である。感度の高い人であれば、時間について興味を持っている人は多いと思う。

どこでもドアを待つまでもなく、インターネットやLCC（格安航空会社）によって地球は十分小さくなった。だが、時間軸についてはまだまだ私たちが考えるべきことがたくさん残っている。純粋な労働時間もあるし、研鑽《けんさん》・学習にも時間がかかる。

**時間から価値への転換効率の高さは一般的に「スキル」と呼ばれている。**

当然、スキルを高めるために人は時間を使う。だがこの本を読む人なら、よりスキルを効率的に高める方法を習得したいと考えるであろう。ここでメタ思考が役に立つ。

時間はもちろん、価値創造に使われるだけではない。余暇や消費のためにも使われる。人生の醍醐味《だいごみ》はむしろ後者のほうにあるだろう。

先述したように、個人の信用残高を積み上げるための活動（ネットワークの構築や自己鍛錬、健康管理など）には時間がかかる。よって価値を生み出す原資としての時間の価値は上がっていく。

それに社会的欲求を満たす社会へ移行するということは、今まで以上に時間が必要になるということだ。ブランドの服を買っても満足する時間は一瞬で終わるが、海外旅行で異文化に触れる場合は、まとまった時間を確保しないといけない。

当然、仕事においても時間の概念は変わる。

今までは9時〜17時で会社にいれば固定給が入ってくるしくみが通用したので、多くの会社員は固定化された時間価値を切り売りしていた。だが、ネットワーク社会になり、プロジェクトベースで仕事をしたり、企業が成果主義に舵を切ったりすると、**「どれだけ短時間で価値を生み出すか」が決め手**となる。

仕事で求められることは成果であるという当たり前のことが日本企業ではあまり注目されてこなかったが、今後は否《いや》が応でもその事実を直視せざるを得なくなる。

成果を出すためには時間・コストに見合わない仕事をしないという選択肢が自ず

と出てくるだろうし、細切れ時間やまとまった時間をどう有効に使うのかというタイムマネジメント能力がますます必要になってくるだろう。

世の中では「モノの断捨離《だんしゃり》」が流行っているが、今後必要になることは「時間の断捨離」である。自動掃除機やクラウドソーシングのように、**「買える時間はどんどん買い、非効率な時間をどんどん捨てる」という姿勢が大事になる。**

## 健康（エネルギー）こそ時間を生み出す原資になる

**時間を生み出すのは健康（エネルギー）である。**

健康はときにビジネスの現場で犠牲にされがちだが、長期的に成果を挙げているビジネスパーソンや経営者は、このエネルギーこそがすべての源泉だと知っている。

健康に注意を払いにくい人（特に若い男性が多いと思う）は、健康（エネルギー）＝お金だと考えるべきである。

私は最近、ROH（Return on Health）という指標を考案して提案している。これは健康（エネルギー）の創造にかけるお金のリターンのことである。いわゆる「コスパ」である。良質な食料やトレーニング、専門家のアドバイスといったものにお金を投じることによってどれだけの健康（エネルギー）が得られるかを指標化していく行為である。そして健康プロジェクトと題して、日々数々の実践をし、そのコストパフォーマンスを計測している。

健康という資産を増やすことがいかに重要かわかるまでには時間がかかる。「健康になるには身体を鍛え、脳の炎症を防ぐために良質な油を摂取する。良質な油とは何々である」というように、取るべきアクションが明確になるまで細かく考え、なおかつ積極的に知識を学んで因果関係を明確にし、具体的なアクションを日々の生活に織り込んでいく姿勢が肝要である。

ほかにも私は普段の食事でグルテンフリー（小麦粉を摂らないこと）・カゼインフリー（乳製品を摂らないこと）を徹底している。頭の良し悪しが脳幹のコンディションで左右される話と同じように、人の性格は腸内フローラによって左右されることは間違いないと思っているのだ。

しかも脳と腸には相関があると言われているので、「脳腸環境」については特にコンディションを意識すべきである。

また心身の「心」のほうについても、スピリチュアルにはまる暇があれば基礎医学をきちんと学んだほうがいいと思っている。うつ病も脳の炎症にすぎないように、「精神的」と言われているものの90%は物理的な事象として説明できる。

それに病気についてはほとんどの人が個体の問題だと思っているが、病気は実は、「社会病」ではないかと思う。症状は肉体に表れるが、病気の本質は社会にある。10年前にはうつ病が流行り、今は発達障害、ストレス系だとＩＢＳ（過敏性腸症候群）。繊細で無防備な人ほど社会病に罹《かか》りやすいのには理由がある。

ここまでお金、信用、価値、時間、健康（エネルギー）と、お金を構成する5つの要素について述べた。本質を深掘りすると、お金を構成する要素が見えてくる。お金を得るにはその要素を一つひとつ、効率良く満たしていく必要があるのだ。

このやり方は王道である。やり方によってはマネーゲームによって価値や信用を蓄積することなくお金を得る方法があるかもしれない。だが私自身はそれらの具体的方法を知らないし、この世界の原則から外れていると直観している。そしてそのようなバグはやがて修正されるだろうから読者には王道を勧めたいと思う。

## お金が介在すると〝つながり〟が失われる

ここまでお金を構成する要素について述べてきたが、お金を得る方法を勧めるのが本書の趣旨ではない。あくまでも本質を考えるのが本書の目的であり、お金はそのモチーフである。

では、本質的な問いは何か？　と言えば、それは「そもそも経済にお金が必要だろうか？」ということである。

経済とはお金があることではない。**経済とは価値が回ること**である。

経済のもともとの意味は経世済民《けいせいさいみん》である。その経世済民のためにお金というツールは果たして適切なのか、あるいはどの程度までお金でケリをつけ、どのような場合の経済をお金以外で回すべきか、ということこそ真に考えるべき問いである。

お金は便利な道具である。言葉を交わすことなく、世界のどこでも、誰とでも価値を交換することができる。ちなみに「マネー」や「ファイナンス」はラテン語に由来するが、「人々の最終言語」という意味で、人間がコミュニケーションの最後に使う最も楽なツールである。一番身近な例は離婚の際の解決手段だろうか。

そのお金には様々な問題がある。まずは格差の問題。現在、**世界の富の50%以上は1%の人たちによって所有されている**という事実がある。当然、それ以外の世界の人々の間でも格差は激しい。それからたびたび訪れる金融危機。お金を刷りすぎた一部の人々・機関（中央銀行や金融機関）によって引き起こされる大規模な金融危機が、普通に生きている人々の実体経済を直撃するのだ。

しかし最も大きいのは、お金による「文脈の毀損《きそん》」である。**お金という数字による取引が発生することによって、それまでのつながりや物語といった文脈が漂白されてしまうのだ。**文脈が切断されると有機物は無機的なものへと成り下がってしまう。それが有機的な生命体である人間の身体には適さない。

商品をはじめとする〝モノ〟には、常にストーリーがある。

たとえば、コーヒー1杯にしても、豆がどのような農園で栽培されたか、その豆はどのような経緯で誕生して、さらに手に入れるのにどのような苦労をしたのか、といった豊かな文脈がある（図26）。

本来、**価値あるそういった文脈が、貨幣取引の商品となった瞬間に失われてしま**

## 図26　文脈の毀損の問題

**1杯のコーヒーに込められた生産者の想いや入手経緯などのストーリーは、「1杯500円です」と言い換えた瞬間、瞬く間に漂白される**

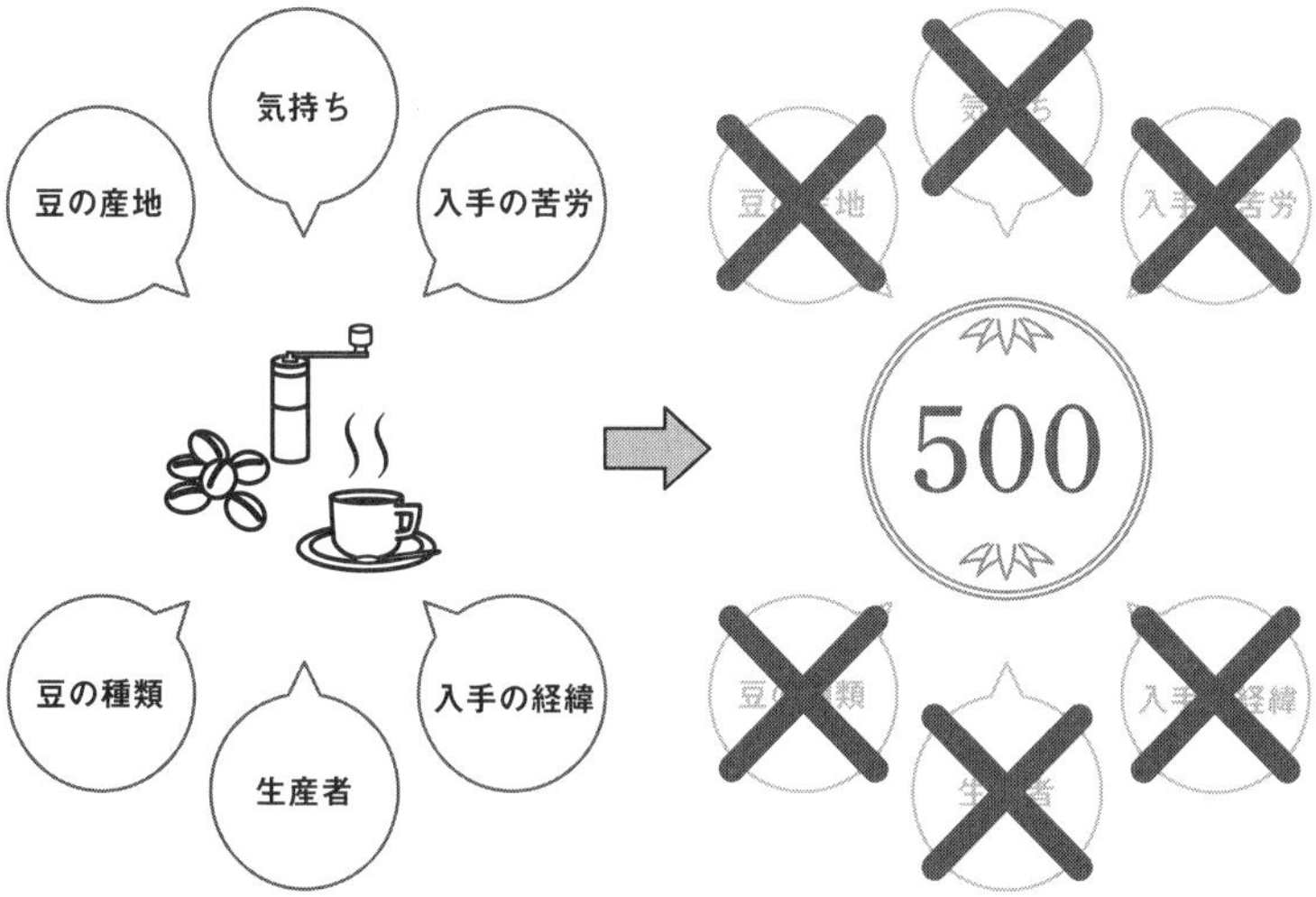


出所：NTT研究所刊　触感コンテンツ専門誌「ふるえ」

**う。**単に「〇〇円の商品です」といった具合に貨幣の単位で語られた瞬間、様々な思いや物語が漂白されてしまう。それこそがお金の持つ最大の弊害である。

**文脈の毀損は、格差などよりはるかに大きい問題である。**貨幣による経済が物語や人間の関係性を分断し、私たちの幸せを阻害している。しかも、知らないうちに蝕《むしば》まれている。しかし、この文脈の毀損を防ぐための、お金以外の新しい解決策が出てきている。それがこの後説明する時間主義経済と記帳主義経済である。

# 経済にお金は必要か？

## 〜非貨幣経済の出現〜

### お金で買えないもの・作れないものを時間がカバーする

時間がお金になると聞いてもピンとこない人も多いだろうが、実は個人の時間は、本質的に通貨として適している。

お金は水などの日用品を手に入れるには便利だが、一定のモノやサービスにしか使えない。芸能人の友達に相談するとか、大学で学生に講義するとか、それを可能にするのはお金ではなくて、**信頼で結ばれた関係性、つまりネットワーク**である。

では何がお金の代わりをするかと言うと「時間」なのだ。

裕福な家庭においても、子どもを承認し育てるためにはお金よりも時間をかけなければならない。効用に比例するものはお金ではなく、自らの時間ということだ。

何かを生産するにしても、モノの原価よりもその目的と条件・状況の理解、企画、社内外のステークホルダー（利害関係者）との信頼関係の構築、コミットメントの醸成、資源の調達、そして実施にかかる期間のほうが大事になっている。

つまり**あらゆる経済活動はモノではなく、時間によって生産・蓄積される**のだ。お金が時間に変化し始めるのは、自然な流れである。モノを交換するのにお金は便利だが、関係を築いたり、一緒に楽しんだりするような価値の共有なら、時間のほうが通貨としてふさわしい。

## 個人に帰属する数字は時間しかない

時間通貨を、エネルギーを閉じ込める資源という観点から見てみよう。

何かを起こすにはエネルギーが必要であり、エネルギーとは集約された資源のことである。

お金の強みは、それが数字で表現されるということ。数字という最も明確な膜の内側に信用と価値を閉じ込めることができる点だ。

一方、個人（individual）とは本来〝分け（dividual）〟〝がたい（in）〟という意味であり、信用の母体の最小単位となる。〝分かちがたい最小単位〟というのは、信用と価値を閉じ込めることができる最後の砦《とりで》であるからだ。

信用の希薄化された現代の中央銀行が発行する通貨はコントロールできる範囲が限界にきている一方で、時間とは国家や社会集団の信用ではなく、個人（individual）の信用に帰属する数字である。そして、この個人が〝発行〟できる外部化された信用こそが時間通貨である。

**時間は、信用の最小単位であり、個人が発行できる最大の汎用言語である「数字」であることによって、最高に有効な通貨としての地位を担保できる。**

## すべての人にとって公平な時間通貨

「公平性」も、時間が現代の通貨として適している理由の一つだ。貨幣はすでに偏在が激しい。世界の民主化が進むとともに、富の偏在がますます不公平を助長している。結果として社会の不安は拡大し、経済は不安定になっている。

米国では、ＣＥＯの給料が一般社員の１００倍以上であり、金融機関で働く上級社員のボーナスを含む給料が、一般企業の管理職の10倍である。この現状に対して、その労働と対価の整合性が取れない。

富の世代間による格差も大きい。たとえば日本においても、金融資産の80％以上が65歳以上の人々によって占められている状況では、経済の新陳代謝が起きず、結果として国民全体とその未来に対して健全な状態とは言えない。

古き良き時代、安定的な通貨の持つ価値貯蔵機能は、現役時代に生産した価値を保全し、引退後も経済的に困らない点で有効だった。

しかし世界の人口バランスが高齢化し、生産人口比が低下していくと、非生産者（多くは資産を持つ高齢者）に経済的権力がシフトしてきた。これは社会の新陳代謝や不均衡を増長させ、社会秩序にマイナスの影響を与えていく。

これらの状況に対し、時間は公平性を与える。人の時間は個人差こそ多少あれど、大きな差異がない。それゆえ機会について公平と言えるだろう。

## 時間通貨はつながりと物語を保全する

**時間は先ほど紹介した「文脈の毀損」を防ぐ**という効果もある。

すでに見てきたように、文脈価値はお金（数字化）によって損なわれていく。貨幣取引によって文脈が断絶するとそのお金（＝財）は、単に価値としての機能を持つだけの「匿名の財」となる。このような既存のお金は、既存の産業工程の中に取り込まれ、標準化・細分化されることでさらに価値を減らしていく。

一方で文脈価値は、時間（歴史・つながり）によって生産される（次ページの図27）。そしてそれらのお金は、通常、信頼のおける人たち（知識・社会的承認など時間をかけて紡いできた人々）の直接的な継承によって文脈価値を保全される。つまり、**時間を起点とした直接取引を行うことで、お金の持つ文脈が保全される**わけである。

## 図27　一般的な価値の概念と文脈価値

一般的な価値(価格)　　　　一点で収束

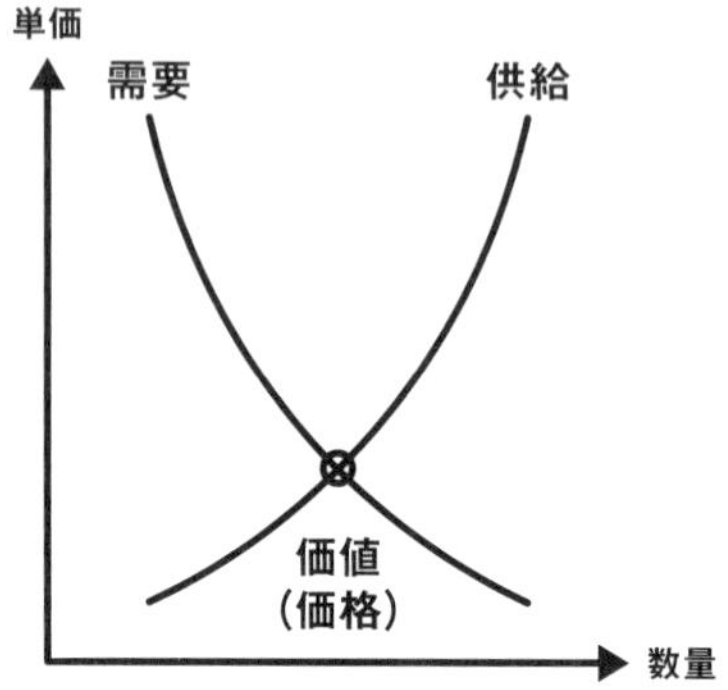


文脈価値　　　　対象物に付帯する価値
(履歴効果・他者との一体感・共有感)

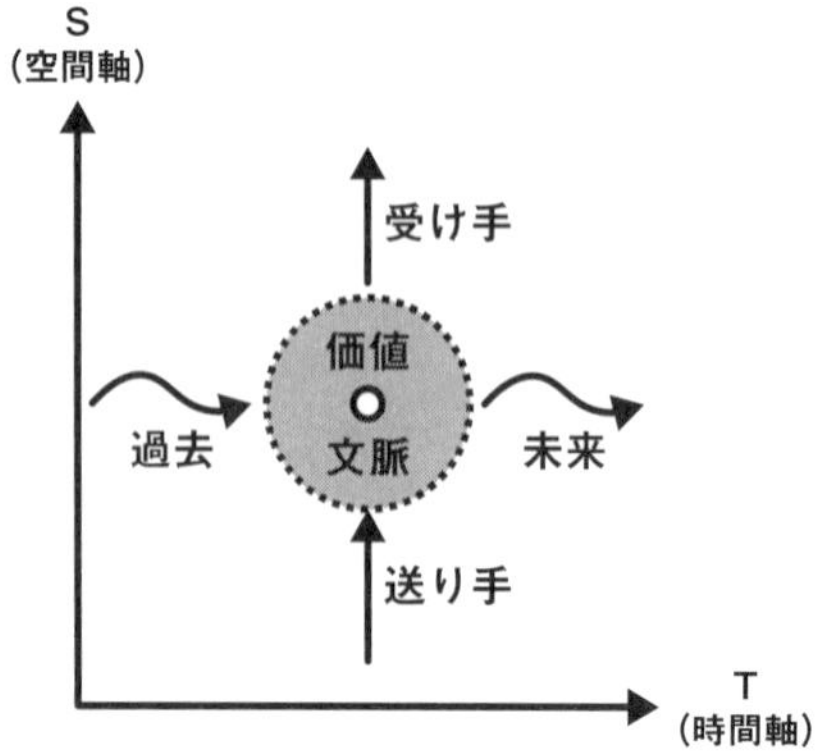


出所:山口揚平「時間通貨とネットワーク贈与経済の可能性に関する研究」(2015)

## 時間通貨の未来

お金がお金たるには発行主体も形態も本来は関係ないわけだから、時間が通貨になっても何も不思議なことではない。「タイム」という単位の時間通貨が生まれるのではないかと思っている。

ちなみに時間通貨においては、時間あたりの価値は伸縮する。

たとえば経験の浅い新入社員と百戦錬磨の課長の「1時間あたりの価値」は大きく変わって当然である（次ページの図28）。

とはいえ、それが5分単位で売られていたとすると、1時間単位と比べてあまり差がないかもしれない。それは5分ではできることが限られてくるからである。こうした価値の判定をどう行うのかということも、今後の面白さを感じさせる課題である。

しかし、やがて人々の時間を預かり融資する時間銀行が出現し、個人の時間の価値に焦点が当たる時代がくる。146ページの図29を見てもらいたい。これは未来

## 図28　時間通貨

・時間通貨の時間あたりの価値は伸縮する
・時間通貨は5分、1時間など、どの程度の大きさでやりとりするかで変化する

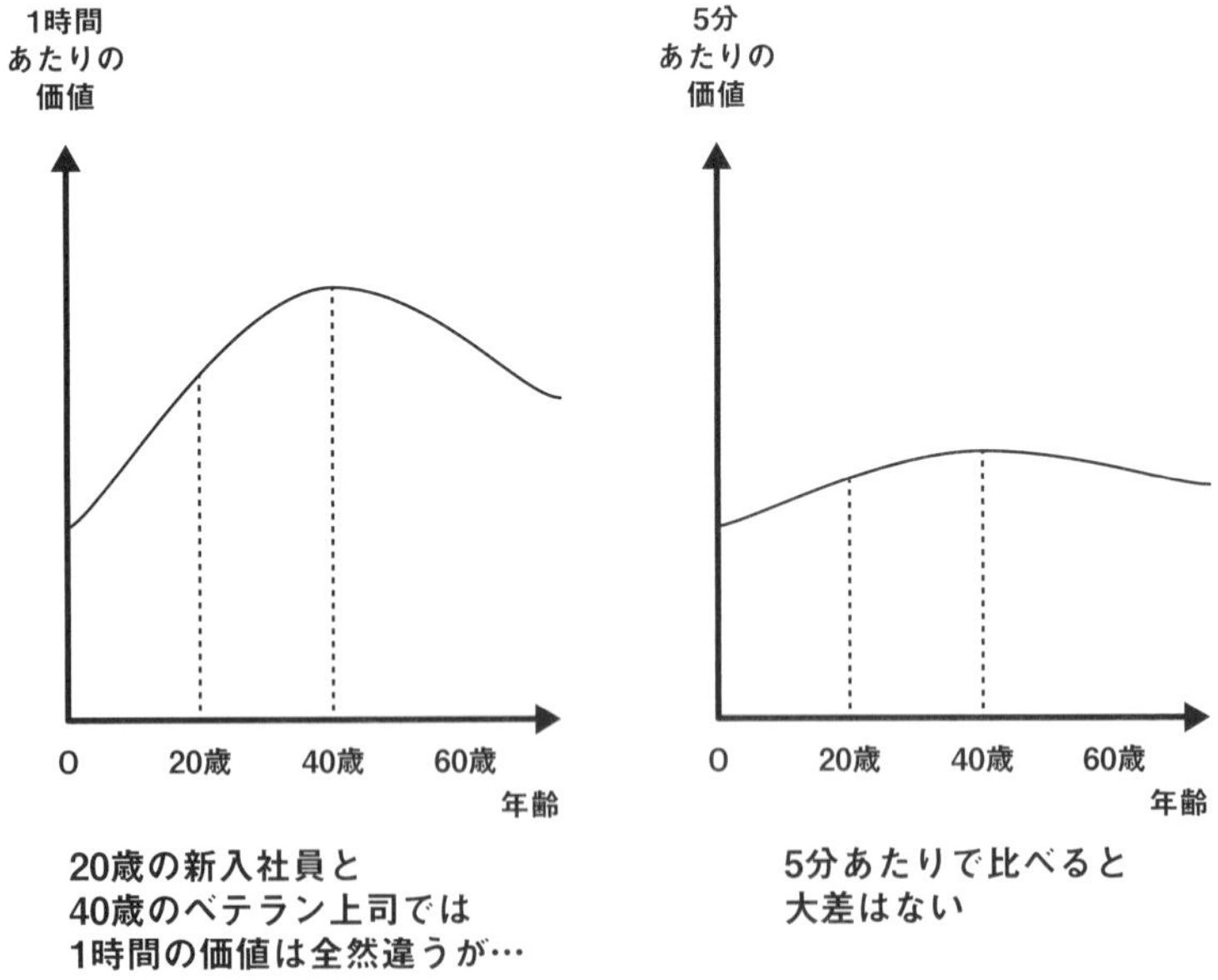

のお金と経済システムを端的に表したものである。

まずは、左下の①の領域。これは20世紀までの経済、すなわちお金を使ってモノをやりとりしていた資本主義経済のことである。そこから今後どうなるのかというと、その上の領域、②の時間主義経済やその右下の領域にある③の記帳主義経済へとシフトする。そこから右上の④の信用主義経済へ進むだろう。

## 記帳主義経済

まず③の記帳主義経済とは、その都度通貨をやりとりするのではなく、「貸し借り」を記録することで経済が回る社会のことである。

お金の起源は貝殻だと信じている人が多いが、その起源は「記帳」にある。あげたもの、もらったものを各々書き込んだ歴史にあるのだ。

たとえば料理ができない人にとって、料理を提供してくれる人は価値が高い。料理を提供した人は「料理をしました」と記帳する。お金の精算はしない。

このようにそれぞれの価値をお金を介さず直接やりとりし、記帳することで価値

## 図29　お金の変遷

人々が欲しがるモノとその交換ツールの変化によって、経済の形は変化する

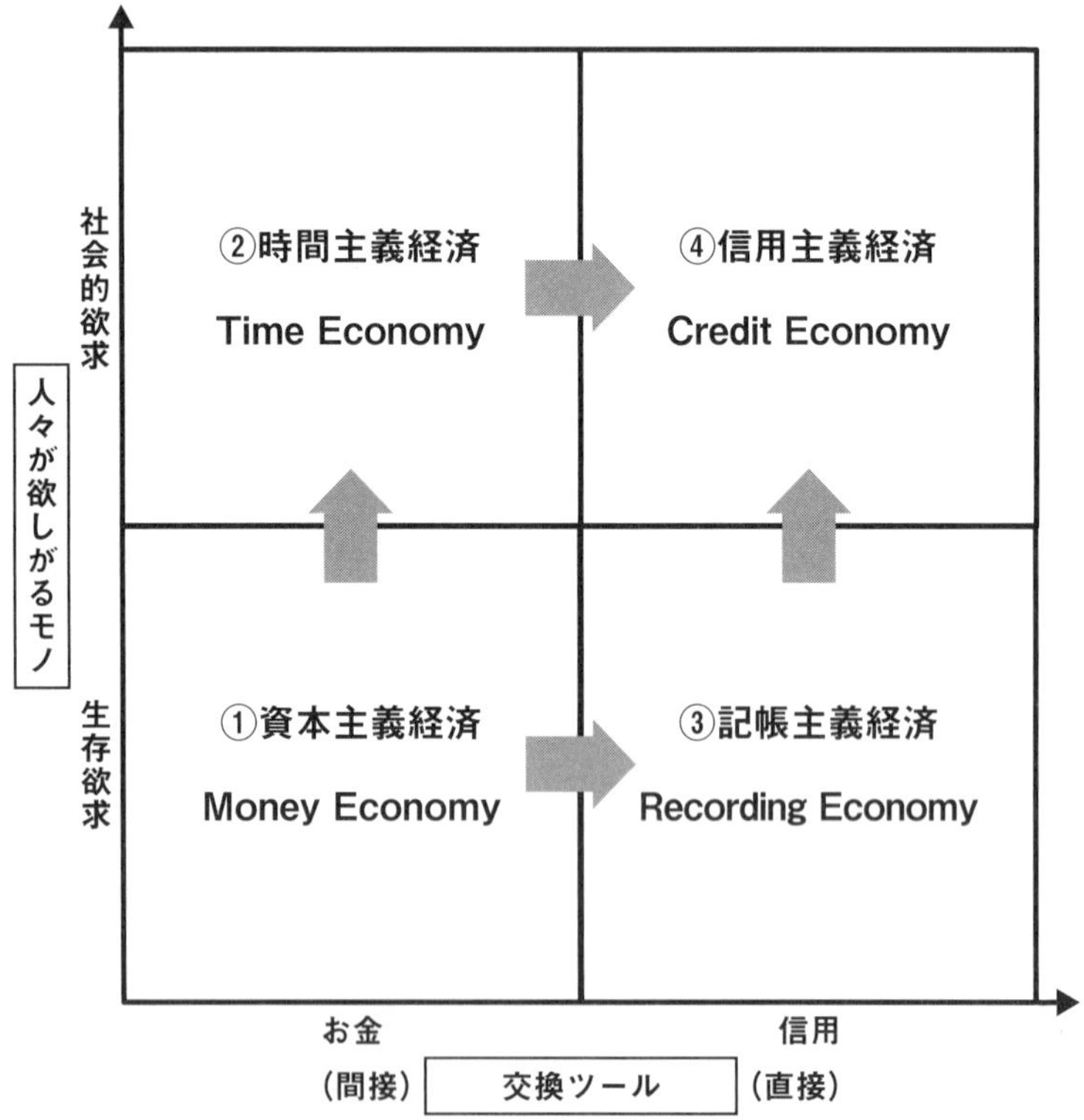

を高めていく。

記帳主義経済では、一人ひとりの取引がすべてデジタル台帳に記帳され、それがすべての人に共有されるため、騙《だま》したり隠したりすることができない。ブロックチェーン技術やIoT技術によってこうした新しい社会が実現するだろう（そもそもブロックチェーンの正体は「分散台帳」であり、記帳そのものである）。

仕事をしたらクレジットをもらい、レストランで食事をしたらクレジットが引かれる、街中で老人を助けたらクレジットをもらい、人に暴力を振るったらクレジットが引かれる、発言に共感してもらえたらクレジットをもらい、反感を買えばクレジットが引かれるといった具合だ。

数字が記帳されている資本主義経済では、誰の目から見ても富の多寡は明らかだが、物品を記帳するこの経済システムでは、それを見た人の価値観や趣味、嗜好《しこう》、ほしいものによって価値が変化する。これが最大の魅力である。

## 図30　それぞれの経済システムの整理

| | ①資本主義経済 Money Economy | ②時間主義経済 Time Economy | ③記帳主義経済 Recording Economy | ④信用主義経済 Credit Economy |
|---|---|---|---|---|
| 管理手法 | 一部の金融機関・国家・超国家 | 個人の信用 | ブロックチェーンなどの分散台帳 | 私的・地域的ネットワーク |
| 安定性と硬直性 | 不安定（一定の割合で膨張と破綻をくり返す） | 安定性あり（個人の時間は、社会の人口とその質を基盤とする） | 安定性・硬直性ともにあり（市場破綻時のセーフティネットになりうる） | 安定性・硬直性ともにあり（記帳・精算がなく不安は軽減、個人の信用に基づく） |
| 言語としての性質 | シンプル（数字という一点で交換可能） | 汎用性あり（労働対価、文脈価値醸成のための期間、比例関数として当てはめられる） | 汎用性なし（互いの信用残高がベースにあるため） | 汎用性なし（ただし文脈などの不可視の価値を認知・交換しうる） |
| 適用可能な価値・効用 | 限界あり（貨幣によって得られる効用の分野は限られている） | 生存欲求・社会的欲求を充足しうる資源 | モノ・サービス | 社会的欲求（信用）の獲得と貯蓄、利用 |
| 取引関係 | 相対的関係（生産者／消費者、市場／秩序などの対立関係） | 有機的関係（相対的資源、共有資源など局面により変化する） | 相対的関係（ただし精算されることがなく、依存的関係を生みやすい） | 一体的関係（生産者が消費者になりうる。両者の協業は価値を生む） |

## 信用主義経済

146ページの図29の右上にある④の信用主義経済は、人々が求めるものが信用であり、それをやりとりするツールも信用であるという不思議な世界である。これはまだ理解しがたいかもしれない。しかし実際に今世紀の半ばから2100年までには現実化していくと思われる。

信用主義経済の世界で皆が求めているのはまず「承認（社会的欲求）」であり、それはいわゆる信用にほかならない。お金を使わずにやりとりするツール（手段）も信用である。つまり、**「皆が信用を求めていて、それをしかも信用でやりとりする」世界**ということだ。手段と目的が信用という一点で統合した世界、それは名実ともにお金がなくなる世界を意味している。

20世紀まではある意味不思議な世界だった。人々がほしがるものはお金であり、それをやりとりするツールもお金だった。新卒就職ランキングのトップも金融であり、お金が世界の王様だった。お金は、古代は価値交換・貯蔵の手段であったにもかかわらず、それ自身が目的と化していたのだ。

しかし21世紀の半ばから終わりにかけて、今度は求めるものもその手段も信用になるという事態が起こるのである。そこでハブ（中間物）としてのお金はなくなる。なぜなら、人々が求めているものが承認やつながり、人々の関係へとシフトしていき、中間物であるお金などが少ないほど〝純度〟が高くなるからである。

**お金という中間物と社会的な欲求は、どちらかを増やすとどちらかが減ってしまうトレードオフの関係にある。**そんな世界において人々は、より社会的欲求への純度を高め、結果としてお金を使う機会を減らしていく。このようにしてお金は、徐々に経済活動のツールとして使われなくなっていくのである。


ここまでの話を整理すると、通貨は信用から生まれ、信用は価値の蓄積で成り立ち、貢献には時間を費やす必要があり、時間は心身の健康を前提とする。

つまり、通貨（お金）は健康（エネルギー）から生まれる。

だからもしお金がほしいなら、まずは健康（技術と知識と行動）に投資すること。

そのうえで、時間→価値→信用の順に投資していくのが資本主義社会の王道である。

ときには信用を得るために「いい人」を演じなければいけないケースが出てくるだろうし、中には仮面を被《かぶ》って虚像を売って評価を得る人もいるだろう。

ただ、終始仮面を被る生活は健全な生き方とは思えない。だからこそ重要なのは、**できるだけ早くキャラクター設定をして、軸を持って生きること**だと思うのだ。

とはいえ、**品位は大事な要素**である。丁寧な言葉遣いをする。下品な言葉は使わない。挨拶やお礼をしっかりする。靴を揃える。きれいな箸づかいをし、ご飯を最後の一粒まで食べる。約束を守る……。

こういった古典的な所作を徹底していく必要があるが、それほど難しくはない。

むしろ恐ろしいのは、本格化するであろう超記帳主義社会の到来である。

ブロックチェーンがもたらす完全記帳経済は、やがて貨幣そのものを駆逐するだろう。個別の取引と信用がガラス張りとなる世界ではもはや、貨幣という数字にわざわざ入れ替えて取引する必要がない。しかしそこで人々は、監視と社会的倫理に怯《おび》えながら資本主義社会を懐かしがることになる。

その後、超記帳主義社会は記帳ブロックのクラッシュによって終焉《しゅうえん》となるだろう。それでも人々は資本主義に戻らず、次の世界を選ぶ。それが**信用主義**だ。資本主義は格差と富の偏在と混乱をもたらし、時間主義経済は、労働の奴隷化を助長し、記帳主義経済は監視社会を生み出す。どれも一面的にはディストピア（反理想郷）に見える。

このような監視社会に対して不安が募るのは止むを得ない。一度でも炎上や黒歴史を残してしまえば一生ネット上、あるいはブロックチェーン上に刻まれてしまう世の中になるかもしれないからだ。

しかし、その後はどうだろうか。おそらく一元的な監視体制に疲弊した人々が新たなコミュニティをゼロから作り、監視社会の中で生きづらさを感じる人たちはそちらに避難していくだろう。次項で述べるマルチコミュニティの時代だ。そのようにして人間は社会のアップデートをくり返していくはずだ。そこまで心配する必要はないかもしれない。

逆に、お金のなくなった未来から見れば、「価値を数字に入れ替えてやりとりする「今の貨幣経済」がどれだけ滑稽に映るだろうか。

関係が主役である時代では、価値とはつながりや物語そのものであり、貨幣という数字で分断したその瞬間に価値は消滅する。その話は次項に譲ろう。

# 社会は溶け去り、マルチコミュニティの時代へ

## マイノリティこそ活躍できるようになる

お金が信用という本質に回帰するように、社会もまたその姿を変えつつある。それは社会の最小単位である小さなコミュニティ（共同体）への回帰である。「ソサエティからコミュニティへ」。それが一つの標語となる（次ページの図31）。

これまでの日本社会は単一価値観のモノ・ソサエティ（単一社会）であった。右に向いたら全員が右、左だと言えば全員が左を向かなくてはならなかった。高校から大学へ進学し、卒業したら会社に入ってやがて出世し、家を持ち家族を養う。暗黙の了解でそうした単一的な人生のレールの上を歩く生き方が良しとされていた。

## 図31　単一社会は溶け、コミュニティが乱立する

・同調圧力を気にせず、複数のコミュニティを渡り歩く
・最低３つのコミュニティに属する（セーフティネット、インセンティブに関するもの、価値観を共有するものなど）

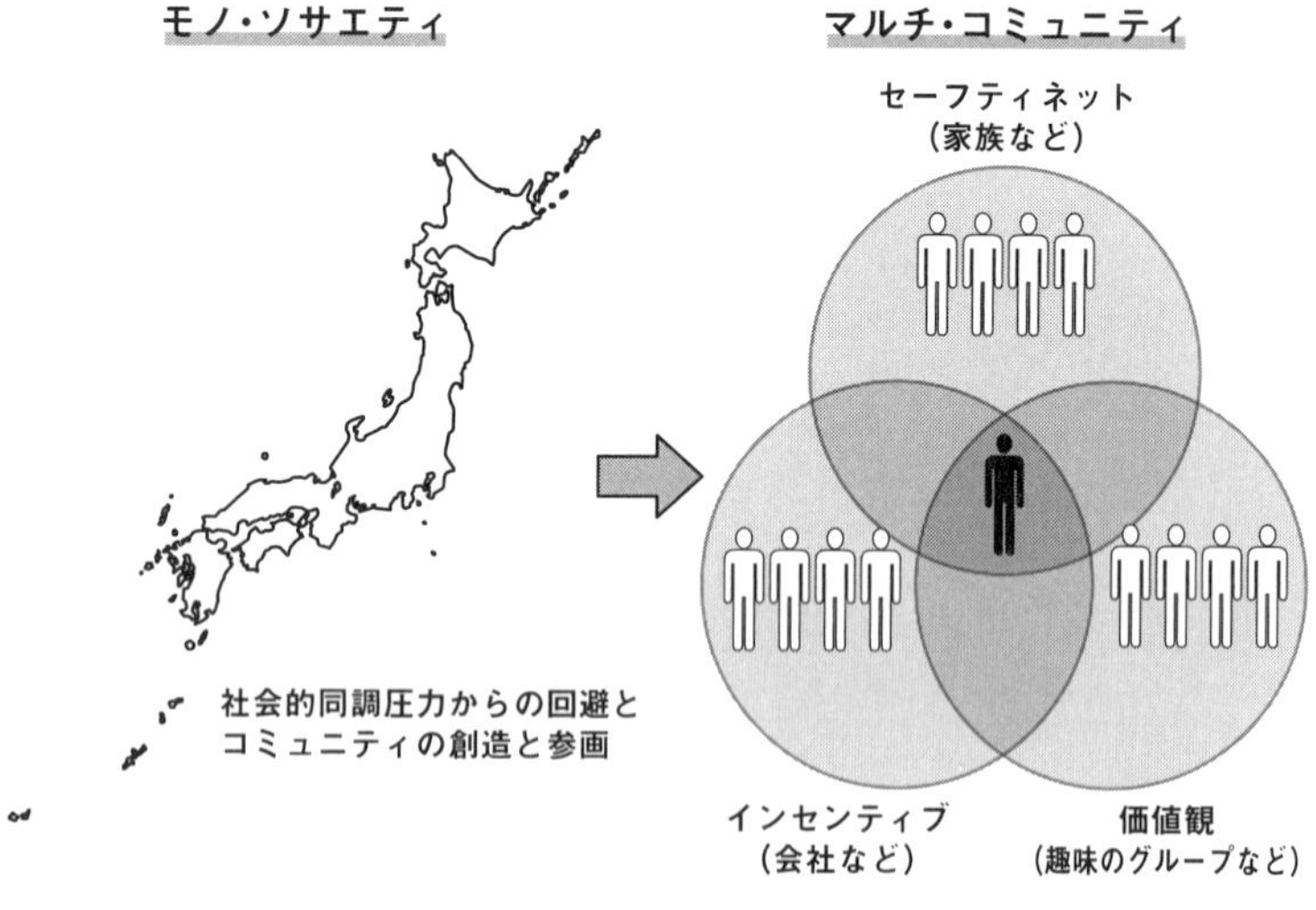

強烈な同調圧力が支配する一方でグローバル化は進み、様々な生き方を志向する人が増えてきた。結果、一つの価値観やライフスタイルで統一することは困難になってきた。

これまでの王道を生きてゆく人をマジョリティと言うのであれば、王道から外れた生き方をしている人はマイノリティと言われる。

今起こっていることはこの**マジョリティとマイノリティの比率が逆転し始めているということだ。**

日本のマジョリティ層は、正規雇用労働者や従業員1000人以上の会社での勤務者、専門職、公務員およびその家族であり、マイノリティ層はニート（疾病ニート、コミュニケーション障害ニート、高学歴ニート等）、若年派遣労働者、LGBT、シングルマザー、独居老人、年収200万円以下の人たちである。車椅子を使う人や働いていないニートの比率も、中年を中心に急激に高まっている。LGBTQも実際には50種類くらいあると言われている。つまり性的な嗜好も多様化しているのだ。

マジョリティとマイノリティの比率は今や、マジョリティが6だとすれば、マイノリティは4くらいにまでなっている。そのことによってマジョリティは日本全国を単一価値観のソサエティで治めることができなくなっている。

マイノリティはそれぞれ小さなコミュニティを作り、今はそこで静かに時を待っている。ソサエティという大きな社会にくるまれたマジョリティとの戦いに備えて。

ではこのマジョリティに対するマイノリティの革命はどのような変化を呼び込むのだろうか。

## マルチコミュニティ　タテ社会からヨコ社会へ

人々は「国家」や「企業」といった大規模単一価値観のソサエティの限界を悟りつつある。新しいコミュニティへの民族大移動が静かに、だが確実に進行している。それはタテ社会からヨコ社会へ、中央集権的な社会からネットワーク社会へのシフトと見ることができる。

国や大企業に代表される中央集権システムは、図で表すと円錐《えんすい》のような形をしている。時間やお金を下から吸い上げて上から再配分するのが特徴で、すでにでき上がったマジョリティのシステムは基本的にこのような形をしている（図32）。

## 図32　タテ社会とヨコ社会

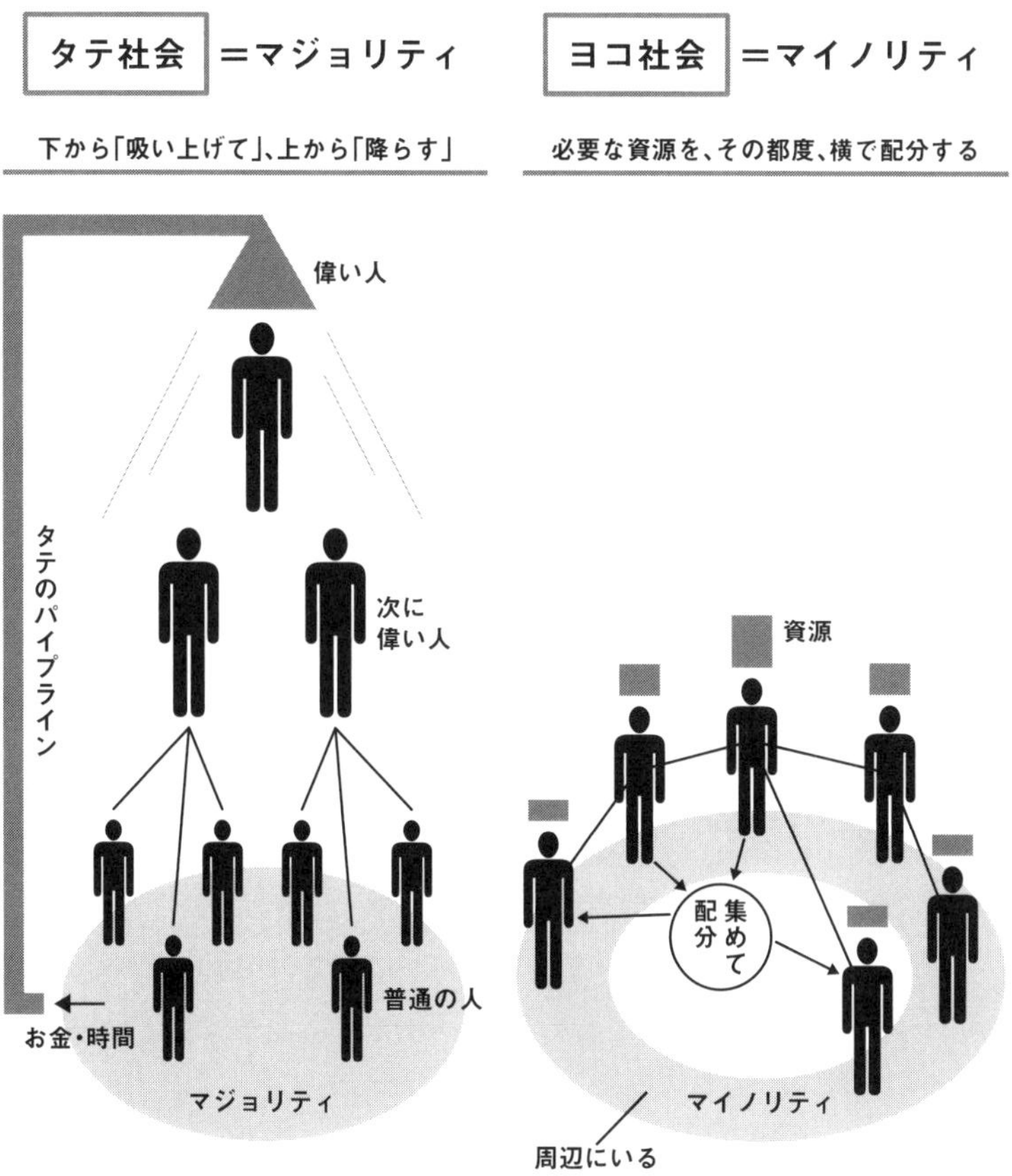

これがいわゆるタテ社会だ。

一方で、これから社会の中心となっていくネットワーク社会とはフラットな世界で、資源を吸い上げる機構としての円心がない。必要な資源をその都度、横に配分していく。個人間の直接のやりとりもあれば、そのフラットな世界の中でハブとして機能する個人やコミュニティも乱立することになる。これがヨコ社会だ。

現時点でヨコ社会の住民は主にタテ社会のスキームに収まらないマイノリティが占めるが、いずれヨコ社会が経済の中心を担うようになる。

タテ社会とヨコ社会では何もかもが違う（図33）。

世の中に存在するタテ社会が今後、自己変革を迫られていくのはもはや必然である。その理由はタテ社会の非効率な生産性にある。

たとえば大企業の多くが新しい世代のＩＴ企業に勝てないのは、無駄なことに時間を割く文化を捨てられないからだ。１６０ページの図34を見れば、代表的な我が国の大企業の生産性が海外企業に比べて低いことがわかる。

社内の話だけではなく、外部のサプライヤーに対してのコミュニケーションコストも含めれば、企業によっては全体のコストの7割はコミュニケーションコスト

## 図33　タテ社会とヨコ社会では何もかもが違う

| 資本主義社会（タテ社会／差の経済） | | ネットワーク社会（ヨコ社会／和の経済） |
|---|---|---|
| お金（数字） | 言語 | 価値観 |
| 信用（契約・価値提供） | リテラシー | 信頼（無条件） |
| 言語化される | 価値 | 見えない・うつろう |
| 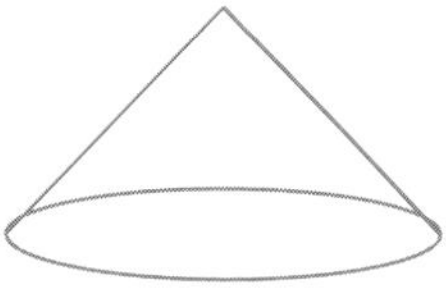<br>「上」に行くほど強い | 階層 | 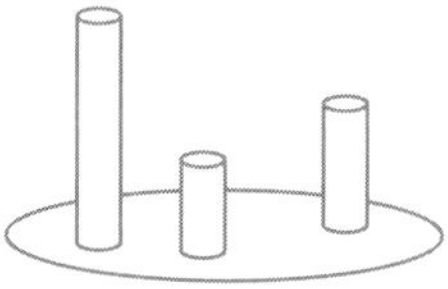<br>「ハブ」が圧倒的に強い |
| オペレーション | 目的 | イノベーション |
| 比較可能な単位を積み上げる（学歴・資産・家柄・歴史等） | 対応 | つながりと信頼をひたすら作り上げる（多様性の肯定・功績等） |

## 図34　日本のインフラ大企業の生産性

・日本の大企業の生産性は他国と比べておおむね低い
・移民や女性・シニア活用よりも生産性を向上させるべき

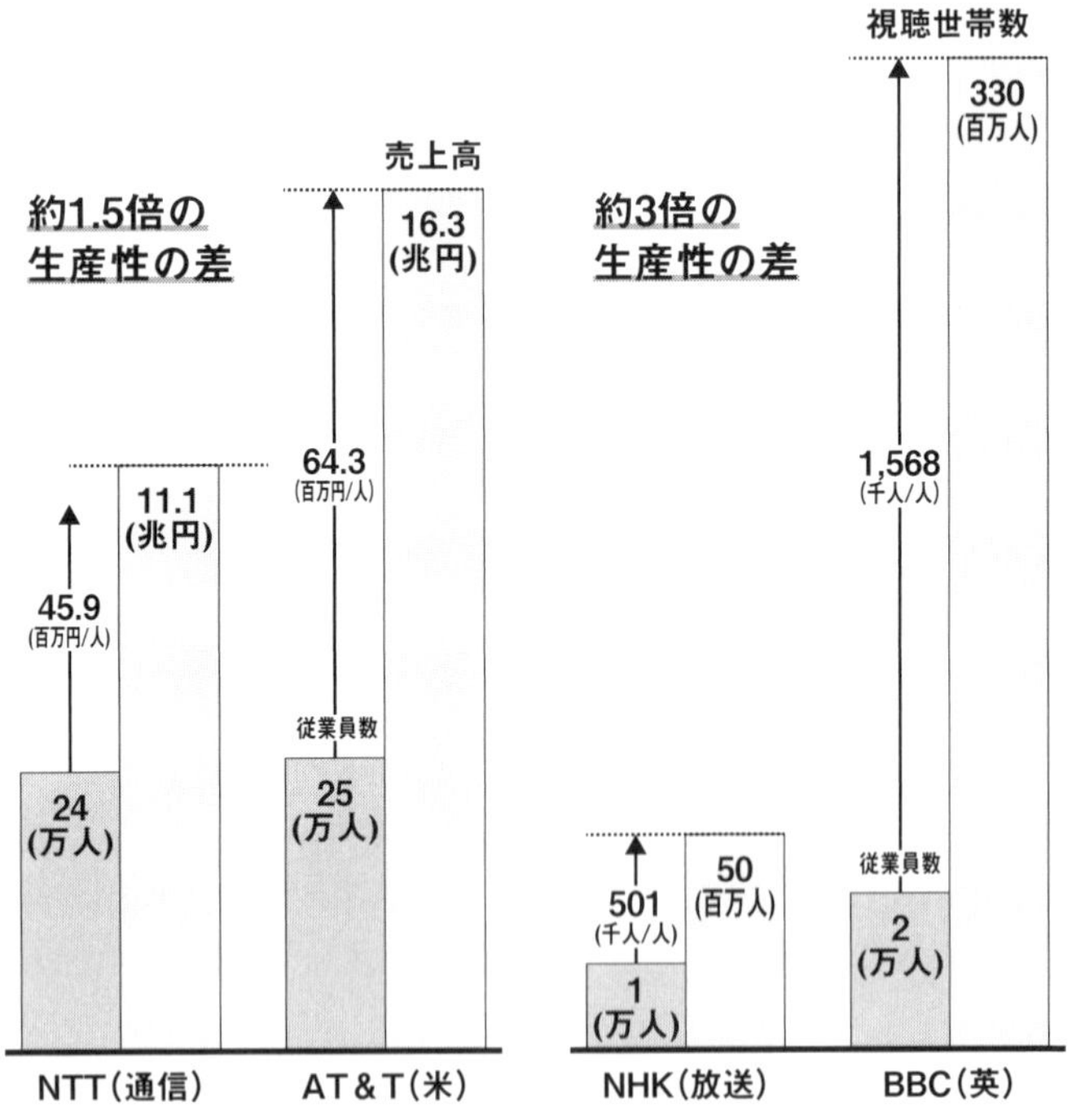


出所：NTT有価証券報告書
AT&Tアニュアルレポート
Bureau van Dijk Electronic Publishing

出所：日本放送協会決算
BBCアニュアルレポート

※数字はすべて概算

で、純粋な生産コストは3割ぐらいしかない。

先日、私たちはある大手企業に事業分析のアルゴリズムを納品した。そのアルゴリズムはコンサルティングファームのパートナーとＡＩのエンジニア、そして何人かの数学が得意なメンバーを土日に集めてスピーディに開発したものだが、一番苦労したのはそのアルゴリズムを導入してもらうまでのクライアント対応だった。

膨大な資料を作って、20人くらいを前に、当たり前のように「機械学習とは何ぞや？」というレベルからくり返し説明をしないといけない。これでは対等なパートナーシップは結べないし、効率的な仕事もできない。

今、私は自分のクライアントに対して、少しでも出資提携をするようにしている。わずかでも株主になれば対等な関係になれるので、それだけでかけるコストが7割とは言わないものの、5割は減らせるからだ。コミュニケーションを取るためだけの無意味な資料を作る必要がなくなれば、空いた時間で本質的な価値創造に専念することができる。

タテ社会の住民は少しずつだが、ヨコ社会にシフトしていかねばならないだろう。

## ヨコ社会のルールと生き方　～お金は通用しない～

ヨコ社会で生き抜くためのルールをもう少し詳しく説明しよう。

タテ社会ではお金が重視されるが、**ヨコ社会では常に信用や文脈が重視される。**

お金（数字）という言語は、衣（医）食住を満たす領域で有効だった。なぜならそれらは必需品であり、一つひとつの製品・サービスに独自性を求められないからだ。しかし経済が進み、人々がつながりや承認欲求といった社会的欲求を求めるようになると、お金ではその欲求が満たせなくなる。それよりもこれまで述べた通り、文脈が求められるようになるのだ。

特にヨコ社会のやりとりでは**信用がお金を駆逐する。**コミュニティの中ではなく、コミュニティとコミュニティの間でやりとりされる（価値観の違う人とのコミュニケーションに使う）のがお金なのである。

コミュニティの中では原則、お金が必要ないと考えられる。理想的なコミュニティの仲間は、家族間の関係を拡張したものだ。家族間でお金を使用してコミュニケーションを取る必要はない。

コミュニティの中ではお金の代わりにシェアや貸し借りなど、信用を中心とした経済システムが有効に働く。そしてお金を使わないということは、「文脈の毀損」を防ぐことができ、健康的で心地の良い生活が送れる。それが、コミュニティが貨幣経済に関する問題の解決策となる理由である。ここにきてお金の問題と社会の問題の対立構造は解決し、ウェットな人間関係が構築される。

ただし、コミュニティの外にはお金を使うことになる。異なるコミュニティ同士のコミュニケーションの手段ということである。お金の役目は残しつつ、**お金を使う主体は個人からコミュニティに移行していく。**またそれらを下支えするのは、もはや国家ではなく、**ブロックチェーンベースの仮想通貨やトークンといったテクノロジーに変化する。**

## 多層的なコミュニティの幕開け

社会がコミュニティへと分化してきた背景についても考えてみよう。

世界は長らく国境によって分断されてきた。ビジネスの世界も企業体単位で戦うことが常識だった。

そうした「断絶の時代」に風穴を開けたのがインターネット。ウィンドウズが出てきたあたりからインターネットという世界への扉が開き、グーグルの登場やグローバル資本主義の台頭で世界は「遍在かつオープンな時代」へと入った（図35）。

そして近年、フェイスブックやインスタグラムなどによる「仲間分け」が起きた。個人の社会的なつながりや信用がコミュニティ内で溜まっていき、レーティングの対象となる社会に入ったのだ。多層的コミュニティ時代の幕開けである。

今後の社会で予見されることは、そうしたコミュニティが成熟していき、法（ルール）や教育、福祉、市場、貨幣などのインフラを持った超国家的なコミュニティが乱立することである。

それは地域に根ざした小規模コミュニティや共通の価値観を持った人たちが集うコミュニティ、そしてギルド（組合）のような同じスキルを持った人たちによって作られるコミュニティかもしれない。私たちは日本国民であると同時に、そうした超国家のコミュニティに多層的に所属していくことになる。お金が信用という起源

## 図35　多層化したコミュニティの時代へ

・単一日本社会は溶けていき、コミュニティが乱立する

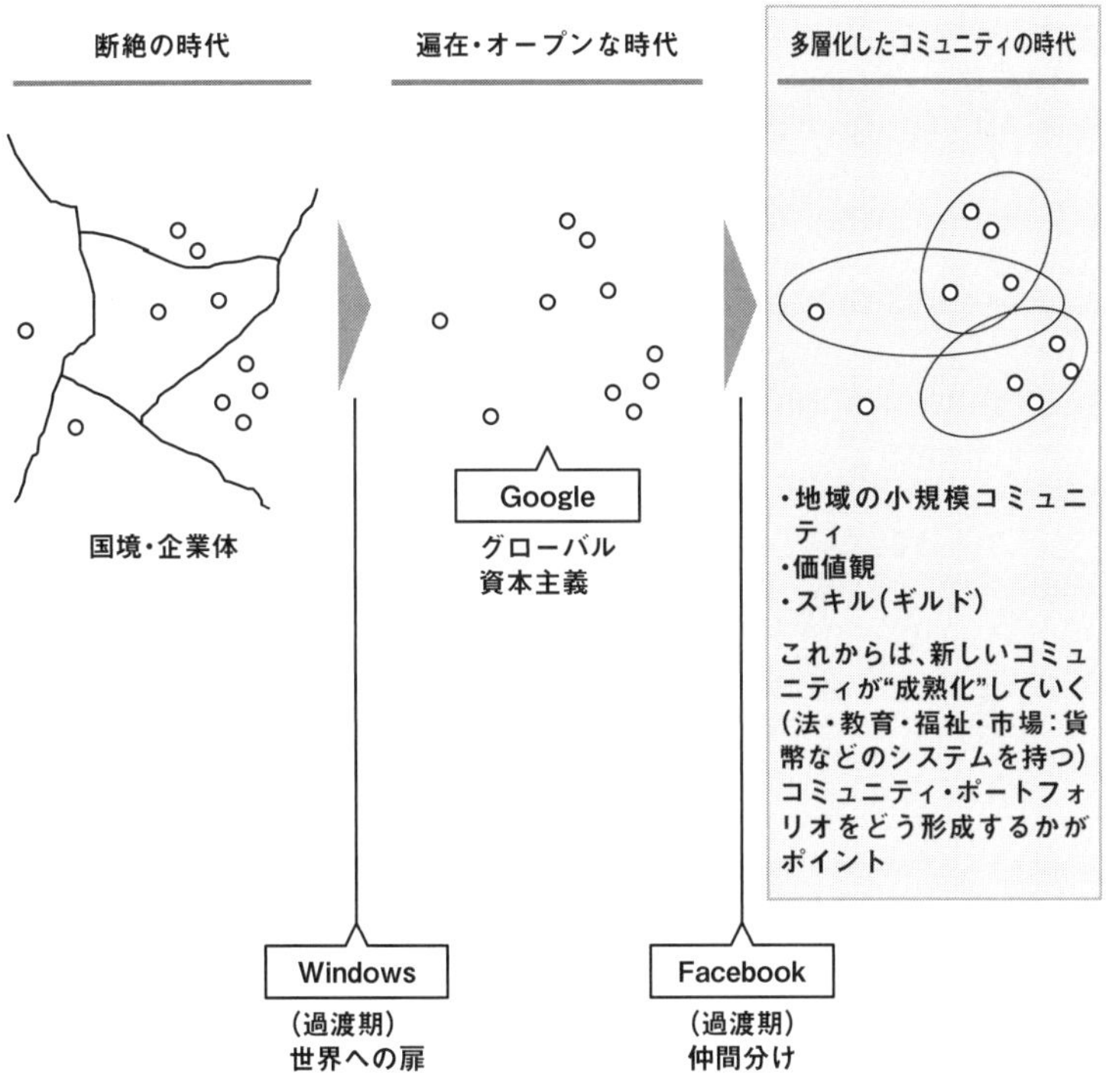

に戻るように、社会は小さな共同体という濃厚な人間関係に戻っていく。

そんな時代に必要になることは、各自が自分なりのコミュニティ・ポートフォリオを持つことだ。つまり、**自分の持っているリソースを、どのコミュニティにどれくらいの割合で割くのかについて真剣に考えないといけない。**

最近では大企業による副業解禁の動きが目立ってきているし、後ほど詳しく述べるが、これからはプロボノ活動（自分の専門知識やスキルを活かして社会貢献活動を行うこと。pro bono public）も大事になる。

今までは「仕事とプライベートの割合をどうするか？」というシンプルな問いでしかなかったが、多層的なコミュニティの時代では**「自分らしい生き方とは何か？」という本質的な問いを持ち続けることが重要になる。**

## コミュニティに入り創業メンバーになる

多層的なコミュニティの時代に勧めたいのは、一つは**強いコミュニティの中に入ることである。**エッジの効いた堅実なコミュニティや拡張するコミュニティでもいい。企業で言うと、外に対して稼ぐ力があるコミュニティということだ。今で言えば、グーグルやメルカリだろう。

もう一つは、**コミュニティの創業メンバーになること**である。特に、新しい価値観を持ったコミュニティの創業メンバーになることが重要である。その中で個人はどうあるべきか。私は頑強に個を保つより、〝個は溶け去ってしまうほうがいい〟と思う。**コミュニティに重きを置き、個を喪失させる**わけだ。そうすれば行き詰まった貨幣経済から解放され、もっと楽に生きていけるはずである。

## コミュニティには社会性が欠かせない

少なくとも次の3つのコミュニティに属することになると指摘する人もいる。

一つは志を共有するコミュニティ（慈善団体、政治団体、趣味仲間など）。

一つは稼ぎどころのコミュニティ（企業や学校、コワーキングスペースなど）。

一つは心安らぐコミュニティ（家族、教会、地域、シェアハウスなど）。

これはまさしく正しい指摘だと思うし、コミュニティ・ポートフォリオを考えるときの参考になるはずだ。

ここでコミュニティの出入りの作法について大事なことを一つ加えておきたい。

現在、多くの人が所属しているSNS上のコミュニティは、実態としては機能関係に基づく「グループ」レベルのものである。だからボタンのクリック一つで参加もできるし退会もできるわけだが、**人間関係に基づく共同体（成熟したコミュニティ）ではそのような軽いノリは許されない**、ということだ。

神社でお参りするときに作法があるように、本来、コミュニティに入るときはしっかり礼をして、挨拶をして、貢献して認めてもらうという一連のイニシエーション（儀式）がある。そうした礼節を欠くと、信用を貯める以前の問題としてコミュニティに受け入れてもらえない。

「尊敬とは人間のありのままの姿を見て、その人が唯一無二の存在であることを知る能力のことである」とは、ドイツの社会心理学者エーリッヒ・フロム氏の言葉である。**相手を尊敬するから自分も尊敬される**のだ。

人間とは個性と社会性の掛け算で成り立っている。タテ社会の支配構造を脱したからと言って社会性を忘れていいわけではないことを肝に命じておく必要がある。

## 戦略的に人格を使い分けよ

複数のコミュニティに同時に所属することが普通の時代になると、「自分とは何か？」について悩む人がきっと増えるはずだ。

「ペルソナ」という言葉を聞いたことがあるだろう。本当の自分が中心にいて、場面や相手に応じて仮面を使い分けるという考え方だ。しかし、この発想に囚われていると、「本当の自分とは何だろう？」というエンドレスな自分探しの旅に出ることになってしまう。人によってはアイデンティティ・クライシスに陥るかもしれない。

それを避けるためには、「自分とは様々な人格のポートフォリオにすぎない」という分人的な発想に切り替えることが重要だ。そもそも**自分というアイデンティティは他者との関係性によって成り立つもの**である。職場における上司や部下としての自分も、家庭における夫や父親としての自分も、趣味仲間における先輩や後輩としての自分も、すべて嘘偽りのない自分であるというように。

もし本当の自分だけと向き合いたいのであれば無人島で孤独に暮らすしかなさそうだが、それとて都会で暮らしていた自分の過去を引きずることになる。

コミュニティが変われば求められる役回りは変わる。だからこそ大事なことは**柔軟性**だ。**必要以上に頑固にならず、環境の変化を素直に受け止め、場合によっては戦略的に人格を使い分ける。**本当の自分など存在しないと悟ることができたら、気楽な生き方がしやすくなるだろう。

## 東京を捨て、地方に出よ

ここからは新たな時代における生き方について触れてみたい。

まずは住む場所についてだが、中央集権的な社会構造が弱まると、人は地方へと回帰していくと思っている。

なぜ地方出身者は都市部に集まるのか？　それは人が都市に「機能」を求めるからだ。しかし、機能都市で自分が心安らぐポジションを見つけることは難しい。

ＱＯＬ（Quality of Life）も著しく低いと言わざるを得ない。東京は何も生み出さない。単に人と人、ものとものをつなぐ日本の橋渡し的存在と化している。

国が成長していた20世紀までは都市に住むことが憧れだった。貨幣経済やタテ社会の中心が都市部に集中していたからである。激務でも経済的な保障があったので、満員電車や空気の悪さなど、都会ならではのストレスも必死に我慢できた。しかし、今後の都市は機械化がさらに加速し、自動的に稼ぐための巨大なシステムと化す運命にある。無機質なシステムを好む人などいないので、都市生活は今よりもさらに浮ついたものになる。

若い頃に機能都市でしか経験できないことを思いきりやり尽くすことはいいことだと思う。だが、せいぜいそれも40歳くらいまでではないだろうか。それ以降は自分の将来的な死に場所を積極的に探し求めたほうがいい。結局、人は土から離れては生きてはいけないものだ。

多くの人は都市を離れると生活が成り立たないと決めつける傾向にあるが、テクノロジーが発達し、職場から離れた場所でも働きやすくなってきている。さらに「地方でどうやって生きるか」という発想を起点に逆算していけば、方法があることに気づくだろう。**仕事を辞める必要はないが、せめて地方に拠点を作る**のである。あるいは逆転の発想で、まず好きな場所に住み、次に仕事を探すのだ。都市における機能的なコミュニティと違って、地域に根ざしたコミュニティに溶け込むには時間がかかる。だから早め早めのほうがいい。

実際、私が軽井沢に自宅を構えるときはその準備期間に2年もかかった。富裕層の多い軽井沢では、お金は意味をなさない。信用によってすべての取引が行われている。家や車でさえも、である。

ウェブ会議ソフトのＺｏｏｍやＳｋｙｐｅなどを使って地方で働く手段もあるし、地方の経済圏に入れば、ガツガツお金を稼がなくても暮らしていける。生活の母体を作る場所は必ずしも自分が生まれ育った土地である必要はない。

私が少し前まで生活の大半を過ごしていた軽井沢の最大の魅力は気候である。最近、地球環境学が流行りだが、21世紀は人間がより快適な天候を求めて移動し続けるようになるだろう。私はもはや東京で夏を過ごすことは考えられない。それくらい東京の夏の暑さは仕事の生産性を落とす。日本は早晩、1年の3分の1が真夏になるという試算も出ている。

**都市が生み出す資源や金をグローバルに融通しながら、より成長段階にある原生**

**林を目指すことが、21世紀の人が求める豊かさとなる。**

地方創生を掲げる政府はいっそのこと2拠点生活（二重住民票）を義務化したらどうだろう。これを私は「第二町民制度」と呼ぶ。これによって消費は倍になり、地方経済は蘇るし、移動が増える。それによってコミュニケーションが増え、イノベーションも起こるだろう。

## 空いた時間でボランティアを

ヨコ社会に使える信用を得たいなら、すぐにボランティアを始めよう。

私は普段、会社勤めの人、特に大企業で働いている知人に会うたびにボランティアを勧めている。平日の大半の時間を会社というタテ社会で過ごさなければならないのであれば、せめて終業後の夜と休日（ナイト&ホリディ）はヨコ社会にコミットしてはどうだろうか。

**ボランティアは信用主義経済や贈与経済を成り立たせる基本要素**でもあるので、これからきたるべき経済を体験する良い予行演習にもなるだろう。

理想を言えば、誰でもできる簡単なボランティアだけではなく、自分の専門分野や得意分野を活かしたもののほうがいい。いわゆるプロボノだ。

英語ができる人は、仕事が終わったら近所の塾で無償で教えるとか、プログラマーなら無料のプログラミング教室を開くとか、タテ社会の枠組みなら金銭が発生しそうなことをあえて無償で提供してみてはどうだろう。もしくはこうしたプロボノ活動を促進させるＮＰＯを運営するのでもいい。

仮に自分の活動の５％をプロボノに割り当てることを義務化すれば、税金を徴収しなくても社会のかゆいところに手が届く社会が実現するのではないかと思う。

ただ、プロボノを普及させるためには解決すべき課題がいくつかある。一つはボランティアを受け入れるプラットフォームの貧弱さである。自分が提供できるスキルセットとそれが可能な時間を入力後、必要とする人とマッチングできるプラットフォームがあればスムーズな新陳代謝が起きるのだが、それがない。

私が経営しているシェアーズ社では、グーグルカレンダーから自動で空き時間を検出し、売買できるプラットフォームＴｉｍｅｓｈａｒｅを開発している。空き時間の流通は早急に変えたいと思っている（注：２０１８年12月現在、空き時間を管理する

## 図36　産業は「モノ」から「関係」へ

・20世紀から21世紀にかけて、産業は「モノ」から「関係」へと推移している
・人はもはやモノにお金を使わず、「誰と過ごすか？」にのみお金を使う

モノ(コンビニエンス)　　関係(ピアエフェクト)

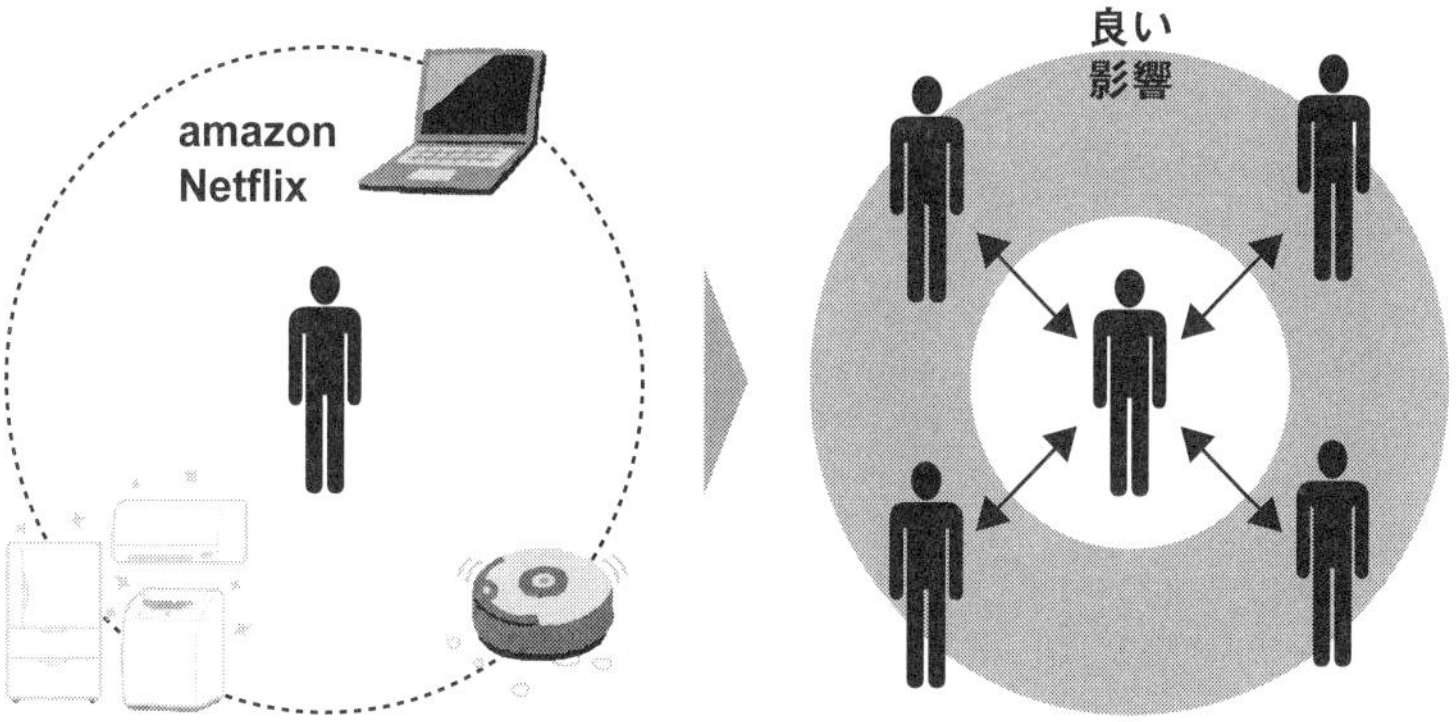


・20世紀の産業の中心はモノ(便利さ)

・ビジネスとは、標準化によってプロセスを単純化し、画一化によって商品を匿名化し、習慣化によって顧客の生命を無機化する行為であった

・21世紀の産業の中心は関係(ピアエフェクト)

・孤独は4.7兆円の損失、健康に最も不衛生と実証済。イギリスでは孤独担当大臣が就任

・共に過ごす人の選択と継続に人はコストの大半をかけるようになる(所属・臨在経済)

空き時間カレンダーのインターフェイスで特許を取得している)。

## コミュニティと経済の関係　～経済の中心はピア(関係)へ～

第2章でも伝えた通り、2020年を起点に、産業の中心は「関係」づくりへとシフトする。コミュニティの形成と発展こそが経済の中心となる。

**21世紀、人が一番お金をかけるのは、プラスのピアエフェクト（好影響）を与えてくれる人材を側に置くことだ。おそらくあと10年以内で人々が一番お金を払う対象は「臨在《りんざい》（仏教用語で優れた人のそばにいることを指す）」になる。**高級車でも別荘でもファーストクラスでもない。学校・会社・趣味・家族・シェアメイトを問わず、共に過ごす人の選択と継続に人はコストの大半をかけるようになるだろう。**関係こそが健康と幸福のすべてだと気づく**からだ（前ページの図36）。

孤独は4・7兆円の損失、健康に最も不衛生と実証済である。今はタダの人間関係は将来、最大の投資先となるということだ。これがわかっているならば、今のうちに最高の人とつながりを作っておくことだ。

# 2020年以降、「仕事」はこう変わる

## 仕事は労働から「貢献」へ

ソサエティ（社会）からコミュニティ（共同体）へシフトする中で、私たちの働き方や仕事はどのように変化するのだろうか。

仕事の変化を一言で言えば、それは**労働から貢献へのシフト**ということになろう。

それは何か時間を使って作業をすることではない。コミュニティに対して貢献することが仕事となる。

先にも述べたように、作業だけではなく、その人が**「存在」していること自体が仕事となる場合もある。**

一つ前の項目で、経済の中心はモノでもコトでもなく、ピア（誰かと一緒にいること）になると述べた。そうなると、誰かと共にいること自体が仕事となる。最近の卑近な例を挙げるのであれば、友活などもその部類に入る。何かを提供する作業を伴わず、一緒にいること自体が相手にとって価値となるからである。

したがってまずは、**一緒にいて気持ちの良い人になる必要がある。**

会社組織に所属する場合でも、最も重視されるのは学歴やスキルではなく、「一緒に働きたいか？」という一点に集約される。

一緒にいて気持ちの良い人とは、一般的にはコミュニケーション能力の高さを意味するが、**コミュニケーション力とは、言ってみれば「人との距離感のマネジメント」**にほかならない。嫌いな上司、尊敬する先輩、未熟な後輩、友人、親戚、あらゆる人それぞれに応じた適切な距離を10段階くらいで設定でき、それぞれに応じた接し方、言葉の使い方、語彙を増やしていくことである。

相手を単にブロックするのか、仲良くなるのかといった白か黒かの選択ではない。**相手との関係にグラデーション（濃淡）をつけること**である。

次に、仕事の現場においては誰もが感情労働者（エモーショナルワーカー）たるべきだということだ。これは人の心の機微を敏感に知覚して、しかるべき対応をする意識を働かせるということである。

本書はあくまでも思考論（考えるための意識の使い方）を説いたものであるが、意識の使い方には後に述べるように、相手の気持ちに焦点を当てるといった国語のような方法もある。

くり返しになるが、巷《ちまた》で叫ばれるＡＩ脅威論に対して、ＡＩやロボットが仕事を奪うということについて気にする必要はない。ＡＩは思考しない。ただ計算するだけである。計算はそれがどれほどの関数や変数を使おうと次元を超えることはできない。ＡＩが目指すところはあくまで情報の最適化。「フレーム問題」に対処できておらず、上位次元から物事を捉え、有機的につなげることができない。それができるのが、人間の強みである。

人間は意識を使うことができる。意識は次元を超える。先ほどのエモーショナルワーカーのように、相手の胸元に意識の焦点を当て続ければ、自ずと相手の考えていること、望んでいるものがわかる。ＡＩに勝つには計算力をつけるよりも、**意識をコントロールする力を養うほうが大事**だ。

## 縦と横のつながりを作る

仕事が労働から貢献へと変わるとき、私たちが取り入れるべき具体的な行動がいくつかある。

たとえば21世紀においては、単なる「業界人」の価値は下がる一方である。

専門性が不要と言うわけではない。たとえばM&Aという課題を解決するには会計や財務、税務、法務、人事、業務、ITなどの専門家集団（ファンクショナル・エッジ）が必要になる。

ただ、現状ではそうした専門家集団（業界）は機能的に分断され閉じているので、いくら業界知識を持っていてもM&Aのような大きな課題は解決できない。それができるのは、優秀な経営者やプロデューサーなど、**メタ思考で課題を俯瞰して横串を刺して見ることができ、最適な解決策を考えられる人に限られる**（図37）。

そもそも私は「業界」とはある種の固定観念だと思っている。慣習的に確立された仕組みの中でオペレーションを回すもの、それを業界と言う。そこで優先される

## 図37　ハイブリッド人材の価値が上がっている

・これからは、経営課題を分野横断的に考え、施策を立案できる能力が必要
・ファンクショナル・エッジ(専門家集団)は調達さえできればいい

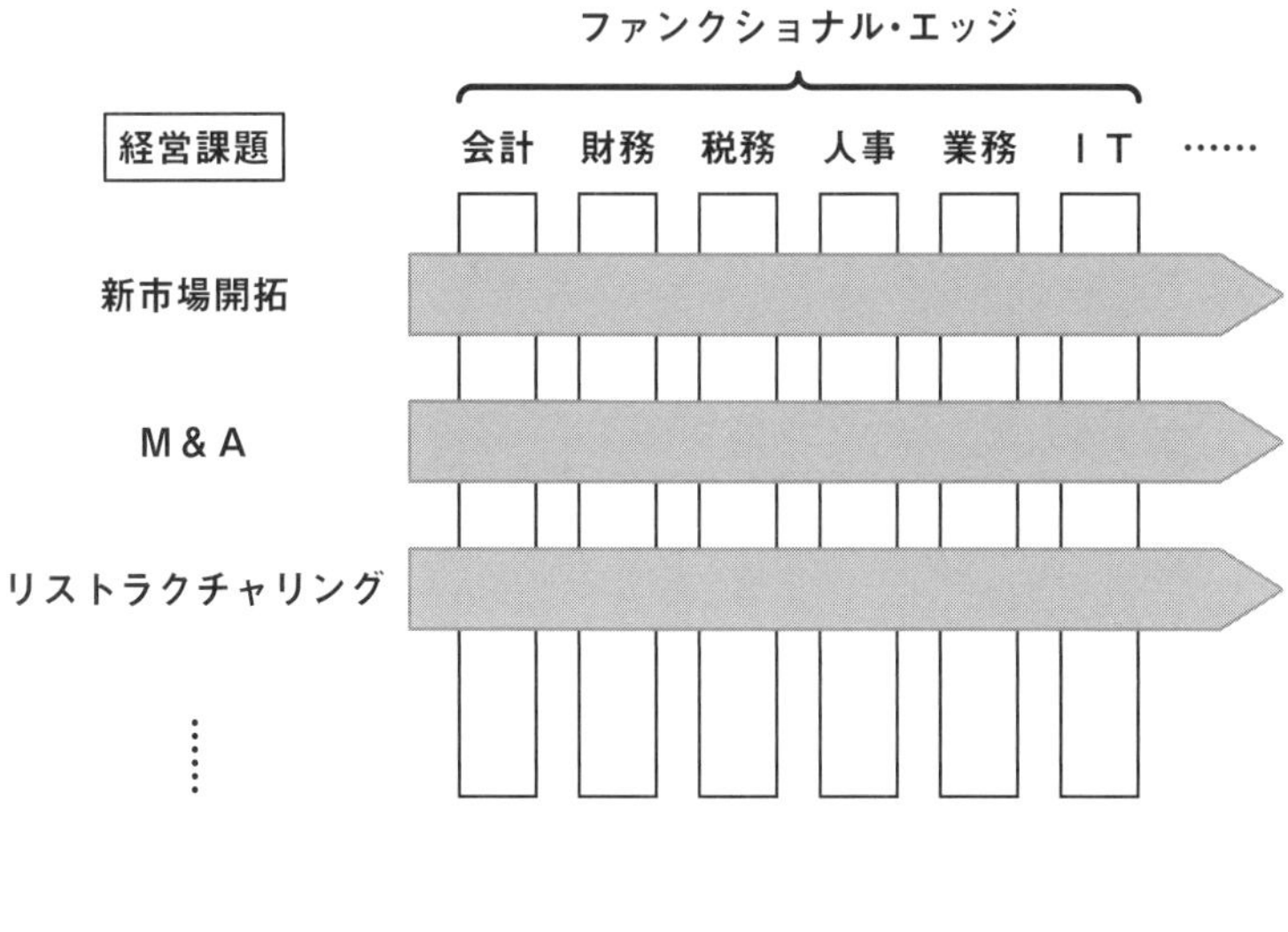

のは効率化であり、仕組みと目的が定義されたフラットな領域における最適化について、ＡＩはとっくに人間を超えた。この構成員たる「業界人」は徐々に生きづらい時代になる。金融業界で起きている大規模リストラが業界人の衰退を如実に表している。

出版業界で働いているなら、ＩＴ業界やアート業界とは絶対につながらなければいけないだろうし、世の中に存在する様々な社会課題に対しても首を突っ込んでおくべきだろう。あとはグローバルへの対応。わずか1億人強しか使わない日本語にこだわるのではなく、自分なりに得意な言語を選んで、その言語圏での出版トレンドに敏感になっておけば大きな強みになる。もし紙メディアだったら、ウェブメディアやアニメ業界、動画ストリーミング業界ともつながっておく必要がある。

そうやって**縦や横のつながりを日頃から作ってどんどん組み合わせていかないと、新しい発想は生まれず、斜陽産業である出版業界の中では生き残れない**だろう。

しかも、ネットワーク社会に移行していくと、今まで以上に専門性が容易に調達できるようになる。無数のプロフェッショナルに直接仕事を依頼できるクラウドソーシングもあれば、ＳＮＳのネットワークを使ってプロ人材を探し出し、仕事を手伝ってもらうこともできる。

だからこそ業界という枠組みを超えて橋渡しすることで新しい価値を生み出せるハイブリッド人材の価値は乗数的に上がるのだ。たとえば税理士の年収は500万円、ベトナム語の通訳の年収も500万円、だがベトナム語を話す税理士の年収は5000万円である。

アートの世界を見ても、本当に大成功している天才と言われる人たちは皆、ハイブリッド人材である。世の中には絵が得意な人は掃いて捨てるほどいるが、やはりピカソやモネを挙げるまでもなく、現代でも千住博《せんじゅひろし》氏などは別格である。彼らは絵描きであると同時に、思想家・哲学者でもあるからだ。

もちろん、自分の好きなことに没頭しながら生きやすくなる社会ではある。でももし何かの世界で圧倒的な成果を挙げたいなら、**自分のアトリエを飛び出し、知識を貪欲に学び、その知識を統合することにしか成功はない**だろう。

## マスター・メンターを持つ

どんな仕事を選ぼうと、マスターやメンターを持つことは必要だ。

なぜならコミュニケーション作法や所作、考える枠組み、倫理基準などの仕事のスキルは「身体知」であり、言語化できるものではないからである（つまりビジネス書を乱読しても本質を身につけることは難しいということ）。

身体知を身につけるためには**仕事のロールモデル（師匠）を見つけて、じっくり観察してモデリングすることが成長への最短距離**である。

マスターとは職業軸のつながりのことで、メンターとはプライベートな軸のつながりのこと。前者はティーチングやコーチングをしてくれる「師匠」、後者は焼肉を奢《おご》ってくれながらメンタリングをしてくれるような「先輩」のことで、プライベートな軸のつながりを指す（図38）。

マスターとメンターなきキャリアはまずないだろう。地方の工場で働いていようとニューヨークのゴールドマン・サックスで働いていようと、それは変わらない。

## 図38　マスター・メンターとの関係

・マスター・メンターの系譜は永続する
・マスター／メンター／後輩／弟子の４方向を必ず持つ

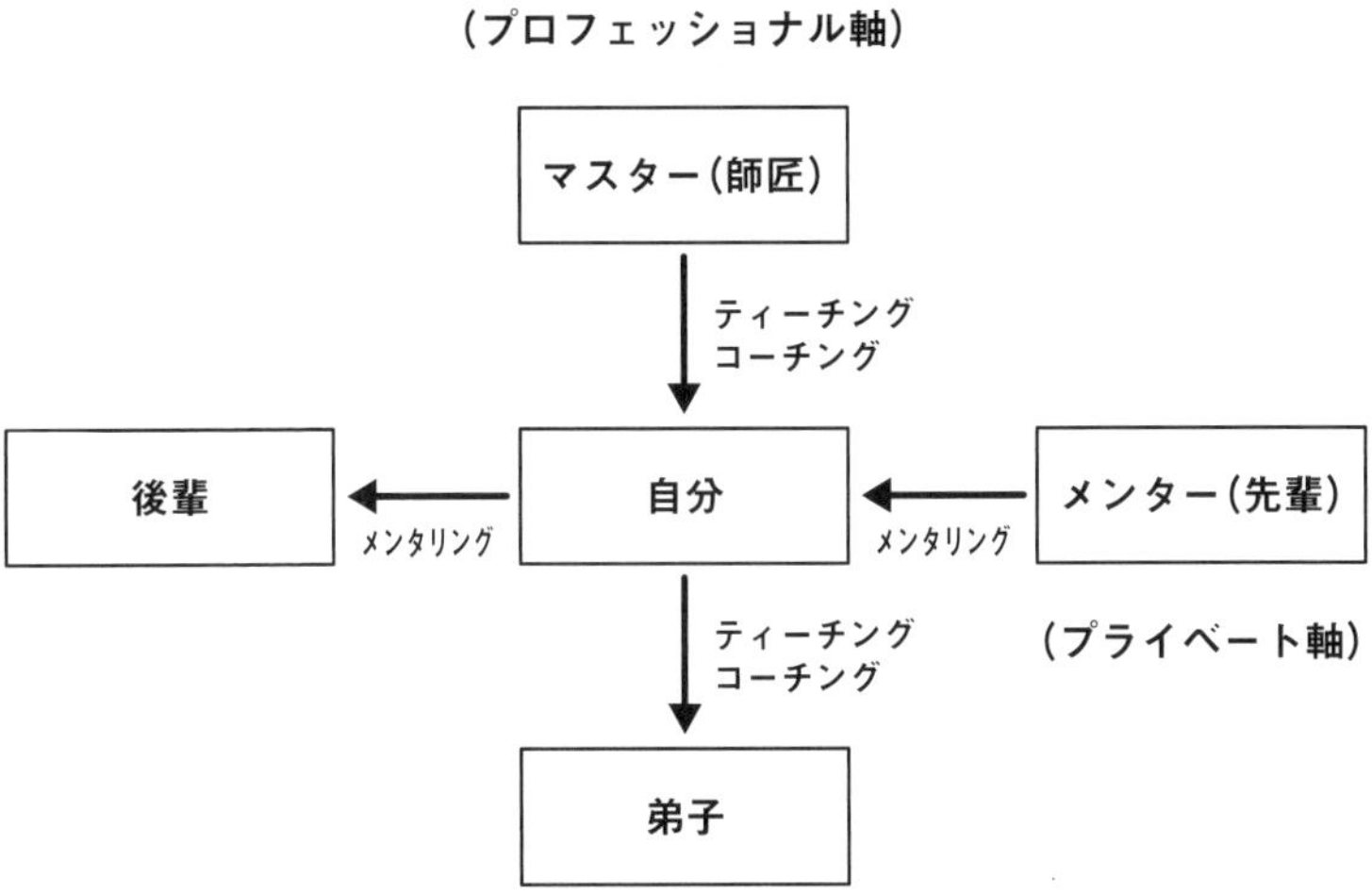

たとえばマネックスグループＣＥＯの松本大《まつもとおおき》氏のマスターはジョン・メリウェザー氏。世界中から天才を集めてきてＬＴＣＭというヘッジファンドを作った経験を持ち、今でも派手に活躍する伝説の投資家だ。そのメリウェザーが師匠として崇《あが》めているのが、世界最大の投資ファンド、クォンタムファンドを率いるジョージ・ソロス氏。

こうやってマスターやメンターの系譜はつながっていくもので、それは21世紀に入っても変わらない。むしろネットワーク社会のおかげで、今までは出会うことすら叶わなかったような人ともつながりやすくなる。

逆に言えば自分が成長したときは、面倒くさがらずにプロフェッショナル軸の「弟子」とプラベート軸の「後輩」を持ち、その系譜を永続させていく姿勢が重要である。

ちなみに私のＭ＆Ａの領域のマスターは三菱商事、アステラス製薬など多数の社外取締役や監査役を務める岡俊子《おかとしこ》氏だ。その岡氏のマスターが旧デロイトトーマツやアビームコンサルティングを設立した西岡一正《にしおかかずまさ》氏である。

マスターやメンターは必ずしも自分のすぐ近くから探す必要はない。

自分が習得したい分野で能力的にも人間的にも尊敬できる人を見つけたら、多少強引でも弟子入りさせてもらう道もある。本や記事を読んで感銘を受けた人がいたら、SNSでダイレクトにメッセージを送ってアポイントを取るという方法もあるだろう。もしくは講演会などに参加して、講演後の交流タイムで挨拶をし、フェイスブックなどでつながり、その人が何かプロジェクトを動かすときに真っ先に手を挙げ、無償で貢献するという方法もある。

弟子入りさせてもらううえで最も大事なことは、第1章の冒頭にも書いたが、**愛嬌**。次いで、**とにかく使えるヤツと思われること**だ。

## 素直さを磨き上げよ

マスター、メンターの話に通じることとして、私は**職業訓練における最大の美徳は「素直さ」**だと思っている。素直ということは脳のハードディスクドライブに空きがあり、幼児の体のように思考も柔軟だということだ。

実際、私の会社ではできるだけ社会人経験のない人を採用するようにしている。

それは経験がないほうが仕事の「型」を教え込みやすいからである。

経験のない人はそれを自分の弱みだと考えがちだが、実はそれはアピールポイントなのである。様々な新人に仕事を教えてきた立場から言って間違いない。

仮に30歳を過ぎていて職能が身についていない場合でも、やはり最大のバリューは素直さだ。卑屈になる必要はない。

**素直さは生まれ持った特性ではなく、訓練で身につけられる。**

本文でもくり返し伝えているように、物事を俯瞰で見る。物事をゼロイチではなくグラデーションで見る。もう少し具体的に言えば、自らの人生で否定してきたものをあえて肯定してみる。嫌いな人、苦手な領域、避けてきた勉強を肯定してみる。

このような訓練を1ヶ月くらい続けると、一点に吸着していた自分の思考パターン、すなわち偏見や固定観念を一つひとつ解きほぐすことができる。

## 地方と海外に活路を見出せ

訓練するのはいいが、どこで頑張るかという話もある。

## 図39　イノベーションは周辺から起こる

・イノベーションは、常に現実と触れ合っている周辺から起こる
　例：明治維新は、江戸から遠く離れた藩の脱藩志士によってなされた

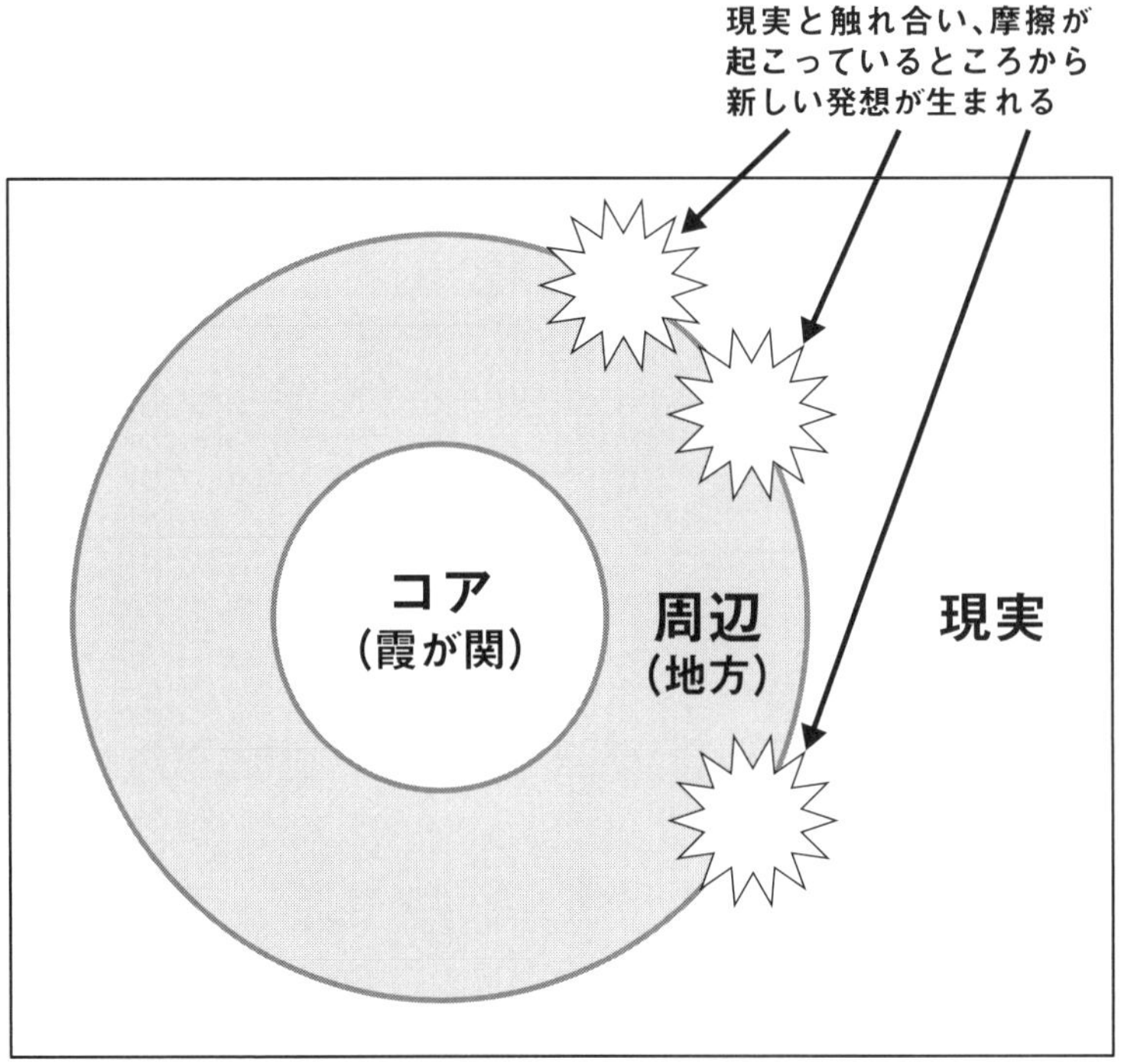

この国の未来に閉塞感を抱いている若者の多くは、心密かに「維新」を求めている。だが、残念ながらこの先の日本に「黒船」がやってくる理由は見当たらない。

では今の若者は、どこに活路を見出せばいいのか？

方策は2つある。**「地方」と「海外」**である。

イノベーションは常に「周辺」から起こる（前ページの図39）。なぜなら「周辺」は「現実」とこすれ合い、摩擦し合っているからだ。日本のコアである霞が関は現実に触れていないので、そこでは空論ばかりが飛び交う。

よって、もし志があるなら地方で旗揚げするのが一つの手だ。幕末維新も地方の脱藩志士によって成し遂げられたことを思い出そう。

もしくは一度、この国を出て行くのも手だ。

これまでは「日本企業」と「日本国民」と「日本政府」は三位一体として捉えられてきたが、今後は分裂する。

2006年頃から先見のある「日本企業」は日本を捨て、グローバルに戦うことを決めた。世界市場を意識して外国人留学生を積極的に採用する企業も増えている。日本企業が日本人を雇わなければならないという理屈は存在しないので、ここで決定的に「日本企業」と「日本国民」「日本政府」は分離・反発することになる。優秀な外国人を新たな乗組員として迎え入れることができた企業からそそくさと世界航海に乗り出しているのだ。

逆に日本から出て行かない日本企業は、政府の庇護《ひご》のもとにある重厚長大企業と、その体力がない中小零細企業だけだ。

では、「日本企業」に去られる可能性の高い「日本国民」と「日本政府」はどう出るか？

前提として、行政の無駄はなくならない。市民革命を経験していないこの国は実質的には封建国家であり、国民が「お上」に口答えすることは決してないのだ。

そうなると財源の確保が問題になるので、政府は出て行ってほしくない企業に媚びて法人税を下げる方向で動いている。そのしわ寄せは消費税増税である。

ただ消費税の増税はさらなる内需の圧迫につながることになり、国内の閉塞感はますます高まらざるを得ない。

加えて、政府は国民資金のロックによる財源の確保を狙うだろう。政府の負債と国民の預貯金はそれぞれが１０００兆円でプラスマイナスゼロの関係にあるが、それは国民が間接的に国債を買っていれば成り立つ関係だ。

だが国民も、今さらゆうちょにお金を預け、政府に騙し取られるほどバカではない。グローバル企業へと進化する日本企業や、成長する海外企業・資産へ少しずつ財産を移すはずだ。

国民からも財源を確保できないとなると、政府は国民の要請をかなえることは何一つできない。もし一つあるとすれば、それは「日本円通貨の国際的なＩＲ（資本家対話）」であり「高度な産業資本政策」であるが、そのような機能を持つ組織はない。では今後新たな組織が生まれてこの国を導くかと言うと、情報化・分散化が進んだ今、そんなことはありえない。

だとするならば、出て行ける者から出て行くとなるのが当然だ。

若者はグローバルに出て行く新進気鋭の中堅企業に乗るか、グローバルで戦う外資系企業、あるいは自らの筏《いかだ》で世界を巡るしかない。それができないとしたら、新たなコミュニティを地域やバーチャルに形成し、その中で小さな生活と幸せを享受することになるだろう。

## 正社員はリスクでしかない

私は学生から進路相談を受けるが、就職を勧めていない。お金と健康の問題を抱えた会社勤めの友人がいたら、即時退職を勧めている。

それはなぜか？

そもそも会社に就職するのは「手に職を」、あるいは「信用を」という理由からだろう。でも90％の会社では手に職がつくことなどない。旧世代の産業システムのやり方や会社独自の文化を身につけることは、市場価値から言えばリスクにもなりうる。それに社会的信用を担保できる企業はせいぜい3〜5％。誰もが知るような世界的企業と、三井、三菱といった商社の一部くらいだ。

何度も言うが、**これからの時代、信用は個人で作っていくもの**である。

私の考えるキャリア設計の解の一つは3段階に分かれる（195ページの図40）。

10代〜20代は「修行期」と捉え、マスターやメンターの側で仕事の技を盗んだり、留学やインターンで海外を経験したり、大学院などでビジネスを学ぶ。

特に20代は信用をどんどん作っていかなければいけない。その信用を使うのは30代〜40代以降。お金と同じで浪費をせず、コツコツ貯めることが大事である。

**信用をスピーディに貯めるためには、求められた仕事に対して必ず相手の期待値に20％上乗せしていくことが重要**だ（私はこれを120％ルールと呼んでいる）。

逆に言えば、**自分の思考と知識の限界から8割のレベルで十分な成果を挙げられる仕事を選ぶことが上司やクライアントへの誠意**だと思う。研鑽は自分のお金で積むべきである。そうやって信用残高を増やしていくことで見えてくるものがあるはずだ。逆に**修行期間である20代にお金や地位や名誉を求めるとうまくいかない**。

30代、40代は「孤軍奮闘期」と捉え、起業を経験したりしながらリーダーシップとマネジメントを学ぶ。30歳前後になれば自然と新しいミッションが芽生え、一念発起する人が出てくるはずだ。ただし、業界をまたいで大きな挑戦をしていきたいなら、40歳くらいでようやくちゃんとした価値が出せるようになる（逆に40代にしっかり価値を作れないと、50代以降で後はない）。

そして50代、60代は一国一城の主《あるじ》となり、会社を率いながら人を守る。

## 図40　キャリアの守破離

・キャリアには守破離がある
・20代は修行の時期、30代～40代でリーダーを経験、
50代～60代で独立した組織を率いる

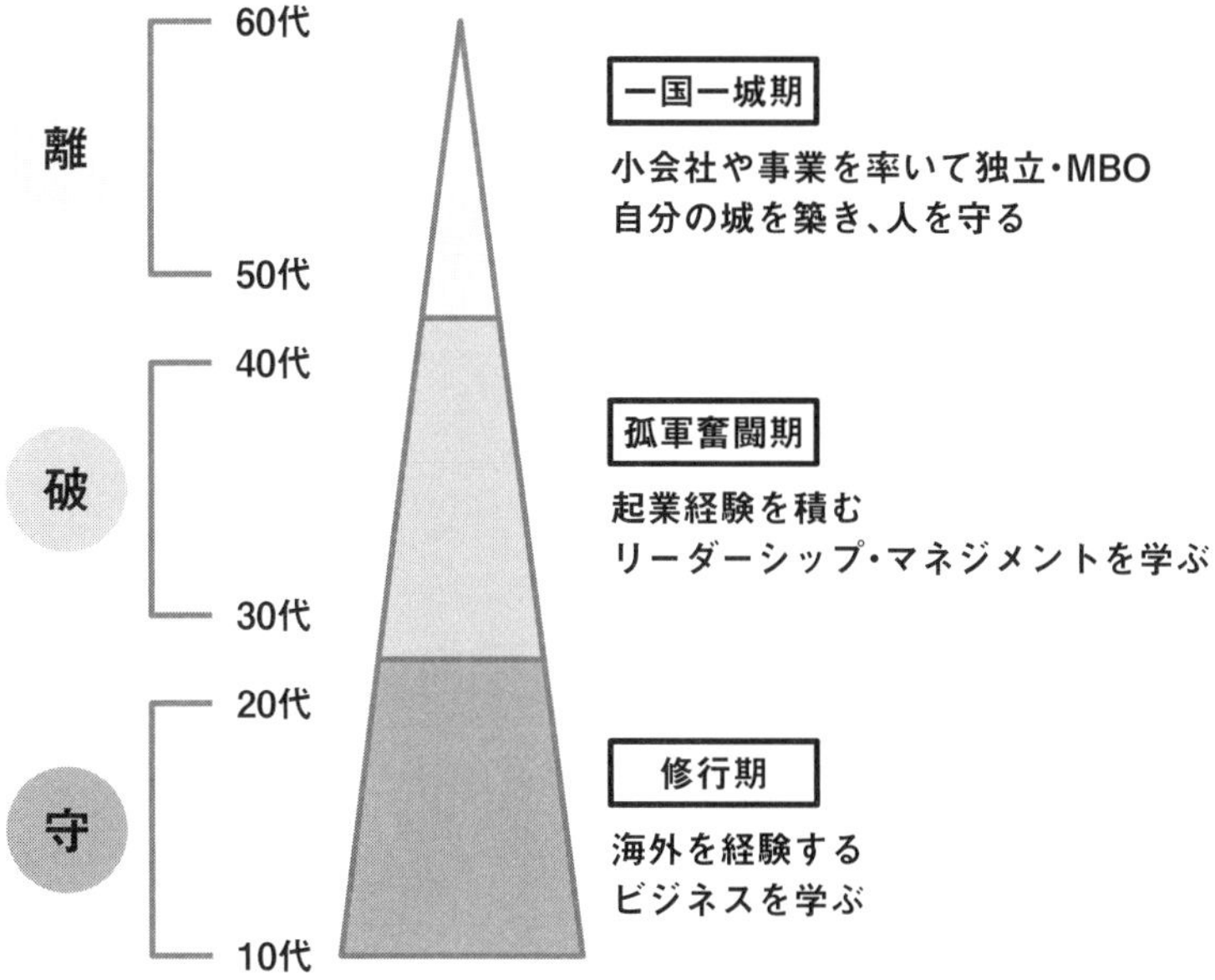

このように武道で言う「守破離《しゅはり》」の順番に沿って、**人生のうち3回は非連続的にキャリアを変えて、出世魚のように生きていくのがベスト**だと思う。

大企業のどんな優秀なエースでも、35歳までに会社の外に出て広いマーケットであらゆるリソースの制約の中で戦ってみないと、井の中の蛙《かわず》になる可能性が高い。いずれにせよ、そういう意味でも**「一つの企業で働き続ける」という発想は捨てたほうがいい。**

私のような40代の親世代はよく「正社員になることが安定をもたらす」と言うが、それもない。新入社員の30%が3年以内に、最初に勤めた企業を去る時代である。それが前向きな転職ならいいが、特に若い世代の退職は心を病むことが原因であることが多く、その後のキャリアが低空飛行になることもある。つまり、**正社員にこだわることは長期的視点で見るとむしろ不安定になりかねない**のだ。

ならば上意下達で自由度のない職場を選ぶよりも、不安定飛行ながらも時間と人との距離感（ストレス度合い）を自由に選択できる**「健康的自立」を最初から選ぶほうが長期的には安定する**のではないだろうか。

ネットワーク社会ではそうした生き方がしやすくなる（図41）。

## 図41　これからのキャリア

- キャリアは常に積み上がっていくものではない
- 学生の間に起業したり、卒業後にフリーランスとしてスキルを磨く方法もある

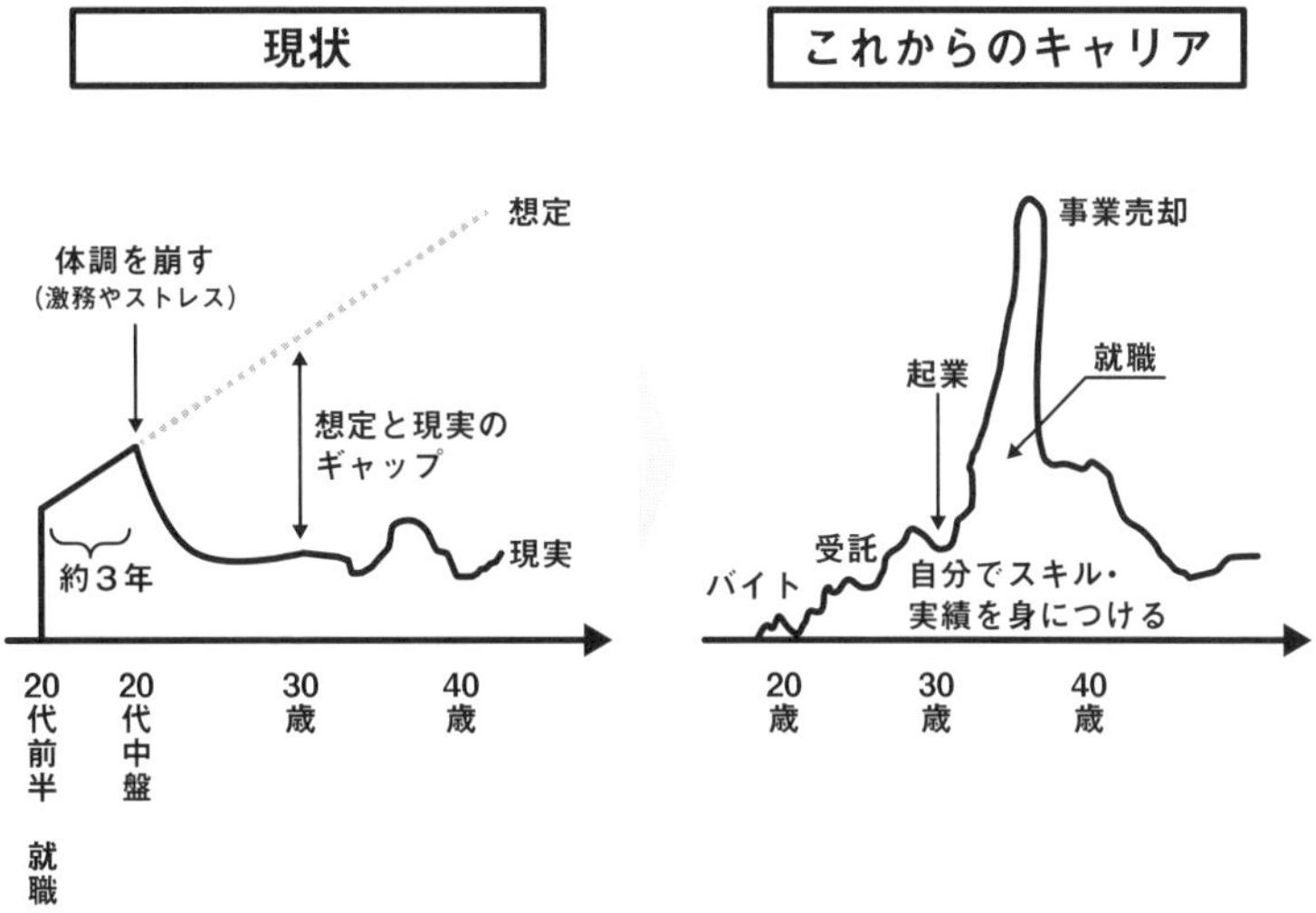

## 会社はオペレーションとイノベーションの掛け算

人は何かと「できる、できない」で選択肢を考えがちだが、**今の時代、「やりたいこと」を優先すべき**である。

人は好きなことをやっているときが最も集中しているし、スキルも上がるからだ。それに雇う側にとっても、管理コストが一番低く済むのは、忠誠心があって仕事に専念できる社員である。決して仕事ができる人ではない。

会社は常にオペレーション（業務）とイノベーション（進化）の掛け算でその強さを発揮するものである。

仮にある企業が、仕事ができる人や実績のある人ばかりを求めているのであれば、その会社は極めてファンクショナル（オペレーショナル）に経営されており、外的変化に弱いと判断できる。そのような会社はそもそも避けたほうがいい。

これからの企業が求めるのはイノベーション（進化）を牽引できるタイプの人材である。

その点、やる気さえあれば、自分が就職したい会社の事業についての知識や経験がなくても他での知見をその事業に適合させながら進化を促すこともできる。だから**実績や経験がなくとも堂々とやりたいことのできる会社を選び続ければいい**。**必ず道は開けるし、実際、私の周りでそうした想いを捨てなかった人は、今やりたいことが存分にできる境遇を手に入れている。**

## キャリアの8つのロールモデル

「自由に生きろ」と言われても、新しいロールモデルがなければ路頭に迷う人が出てきて当然だろう。

ここでは参考までに、私なりにまとめた「8つのロールモデル」を簡単に紹介したい。小泉進次郎《こいずみしんじろう》衆議院議員をはじめとする若手議員による「2020年以降の経済財政構想小委員会」においてプレゼンをしたものである。

私はそのプレゼンで、多様なキャリアパスが成立する時代になることを説明したうえで8つのロールモデルを提示し、さらにそれぞれのキャリアパスを早い段階から自主的に選択し、効率良く学べる生涯キャリア制度を提案した（図42）。

なお、図の中の❽にあるオペレーション人材以外はすべてプロフェッショナル人材（もしくはごく少数のジーニアスクラス）である。プロフェッショナル人材とは、新たな商品・サービスの開発などの取り組みを通じて、企業の成長戦略を具現化していく人材のこと。オペレーション人材とは、あらかじめ定められた定型の仕事を行う人材を指す。有期雇用の派遣社員や契約社員、アルバイトなどが該当する。現状ではおそらく生産人口の80％をオペレーション人材が占めるが、２０４５年くらいになればその割合は60％くらいまで減り、プロフェッショナル人材が増えるのが理想的な配分だと予想している。

これらはまだまだ粗い仮説にすぎない。ただ抽象論だけを語っていても政府や行政は動かないことがわかっているので、具体的な案を提示したものである。この8つのロールモデルは、どれが偉いとか、位が高いといった差はなく、個人の資質に合わせて選ばれる前提のものである。

## 図42　生涯キャリア制度　8つのロールモデル

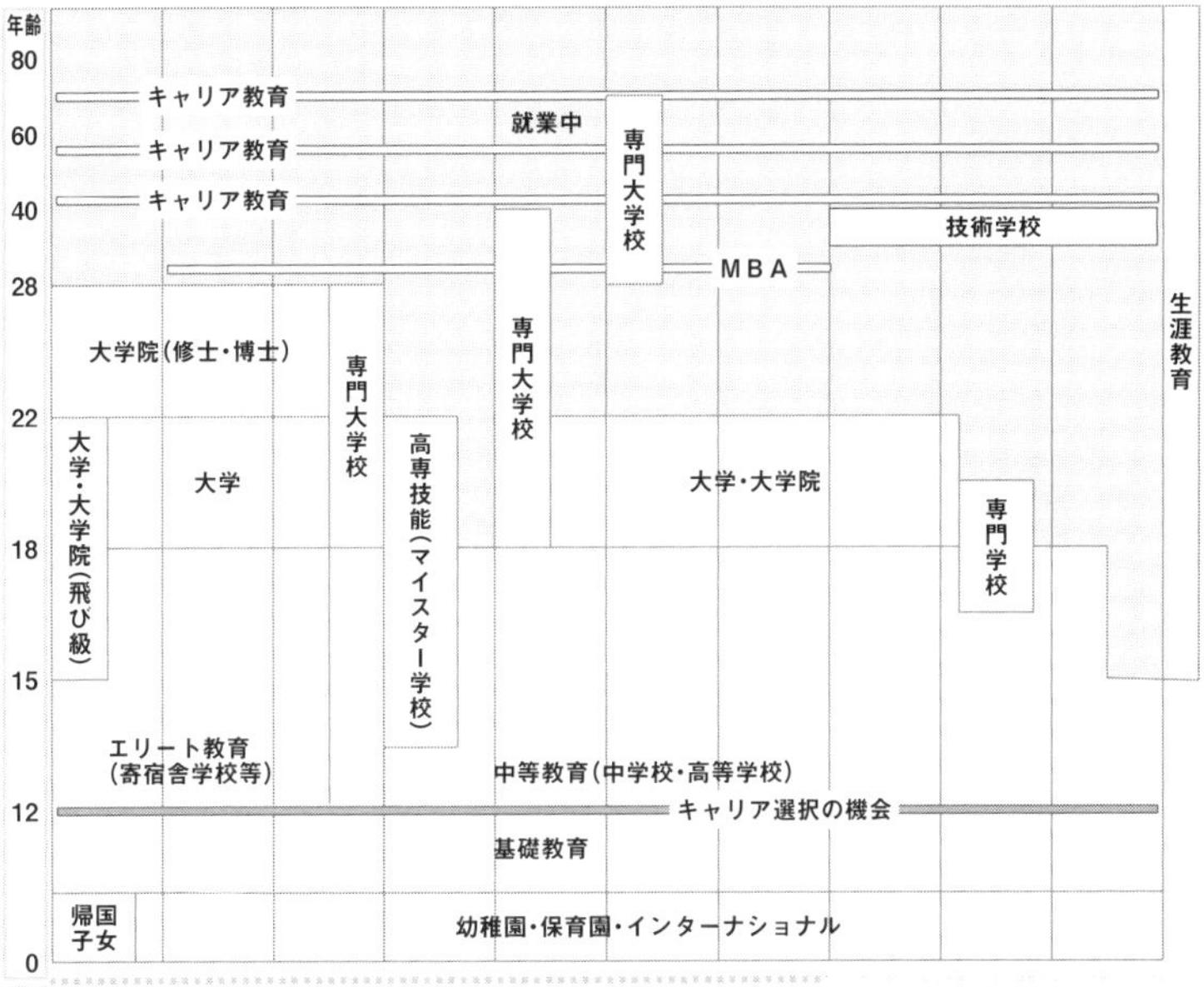


| ロールモデル・分類 | ❶ジーニアスクラス | ❷マネジメントクラス | ❸クリエイティブクラス | ❹マイスター（職人） | ❺エモーションワーカー（感情労働） | ❻コミュニティオプティマイザ | ❼ホワイトカラーミドル | ❽オペレーション人材 第三次産業 | 第二次産業 | 第一次産業 |
|---|---|---|---|---|---|---|---|---|---|---|
| 人物イメージ | ・理論物理学者<br>・世界的アスリート | ・ルイス・ガースナー（元IBMのCEO） | ・村上隆<br>・佐藤可士和等のプロデューサー | ・杜氏<br>・和紙／鍛冶職人 | ・看護師<br>・臨床心理士<br>・セラピスト | ・地方創生リーダー<br>・神職<br>・市長 | ・大企業の部課長 | ・オフィスワーカー | ・工場・機械従事者 | ・農業／漁業従事者 |
| 海外の事例や制度 | ・共産圏におけるオリンピック選手養成校<br>・飛び級制 | ・フランスにおけるグランゼコール<br>・寄宿舎学校等 | ・ロンドンにおけるロイヤルカレッジオブアート | ・ドイツにおけるマイスター制 | | ・アメリカにおけるコミュニティリーダー検定<br>・各国の神職制度 | ・欧米におけるMBA制度 | | | |
| 人口割合 | | 学生35万人（フランス） | 学生2.5万人（ロンドン） | 学生78万人（ドイツ） | | | 学生17万人（アメリカ） | | | |
| 年収 | 数千万～数億円 | 1000万～数億円 | 500万～数億円 | 500万～2000万円 | 500万～2000万円 | 500万～1500万円 | 500万～1500万円 | 200万～700万円 | 200万～700万円 | 200万～700万円 |

# 日本の産業はロボティクスに注力せよ

## 禅とアニミズムという原点に戻る

日本のモノづくりについては、モノづくりの礎が「禅」と「アニミズム」にあることを再確認しよう。シンプルを基本とした無印良品やｉＰｈｏｎｅはもともと禅の精神からきている。一方、パナソニックの「Let's Note」、ソニーの「ウォークマン」、ホンダのエンジンなどは、神は細部に宿るというアニミズムの精神が基本にあった。

## すり合わせ文化とロボティクス

日本企業の強みをよく考えてみると、やはり**価値観を共有したメンバーがすり合わせながら一つの製品を作る力**である。

これまでの代表的なものが自動車だ。複雑で何万点にもわたる部品の組み合わせ、アフターサービスや金融との掛け合わせが一貫性を持ってユーザーに提供されている典型的な日本企業の製品である。

だが、電気自動車への世界的なシフトとＡＩの導入によって車は、職人技の光る機械系統ではなく、モジュール化された部品の組み合わせ電化製品へと変わってしまった。

端的に言えば、差別化の難しい製品へと落ち着きつつある。こうなると高度なすり合わせ文化が生きてこない。

一方欧米ではマイクロソフト以降、フェイスブックやグーグルなどの隆盛はすり合わせ組織文化ではなく、天才たちによるアルゴリズムの開発に強みの本質がある。

しかし日本はこの分野が弱い。日本が強いのは、アルゴリズムからソフトウェア・ハードウェア、ネットワーク、サービスまでの長いバトンリレーを経てユーザーに価値を提供する仕組みである。

古くは造船、これまでは自動車がその対象だったが、次に日本企業が取り組むべきは、本格的なロボティクス（ロボット工学）や宇宙開発である。この分野は巨大かつ複雑な機能の組み合わせで成り立っており、利益として得られるマージンも高い。当然コモディティ化していない。21世紀の半ばまで、もし日本が経済で隆盛を誇れるとしたら、ロボティクスに注力すべきであろう。

## 人生を生存から創造へ変えよ

仕事論の最後に、次のトピックである生き方へと続く話で締めくくりたい。

拡大・膨張路線を行く先進国では、いまだに大量生産・大量消費のサイクルによって経済を回し続けることが前提となっており、実際に人が生存していくために必要なものは余っている。

日本では全国的に人手不足で、有効求人倍率はバブル期を超えた。また、電通過労自殺問題に端を発するように、長時間労働が問題視されている。だが、そもそもこれ以上人を集めて長時間働いたところで、一体何を生み出そうとしているのだろうか。

しかも日本企業で働くサラリーマンの実態として、仕事の大半は価値創造とは無縁の会議や、他の部署の仕事を作り出すための資料作りなどをしており、会社の多くは価値を生み出す経済体ではなく、月30万円の給与という名の年金を配る社会福祉団体と化している。それを銀行や政府、行政が必死になって支えているという壮大な虚構である。

それなのになぜ多くの人は、理不尽な上司や非合理な業務を我慢しているのか？なぜ政府は雇用が大事だと言い続けるのだろうか。

イギリスの経済学者であるケインズ的な経済における労働・雇用効果を信奉しているからだろうか。

当然、違う。理由は**「アイデンティティ」**である。

出世や給料、売上といった従来の指標に専念していれば「生きる意味」を失わずに済む。生活コストは下がり、全国の空き家率が14％という時代において、私たちはもはや生存が保障されていることは知っているはずだ。

だが虚構の中で自分のアイデンティティを確立してしまった人は、その虚構を直視しようとしない。その虚構に気がついているのが一部の若者たちだ。

ただ、こうした虚構が長く続くわけもなく、経済システムが抱えている余剰が縮小されるようになれば、別にＡＩが入ってこようとこまいと社会は人が余り、街中は失業者で溢れる。そのとき、マスコミは政府を叩くだろうが、古典的な労働の意味（＝生産）に立ってみれば、失業率が高いということはそれだけ国が豊かであるということだ。

むしろ**失業率は〝労働解放率〟**と言い換えるべきだろう。

そのような時代になれば、私たちは人生の目的を「生存」から「創造」へと変えなければならない。

ただ、それはパラダイムシフトが必要とされることなので容易ではないだろう。マインドの底まで染み込んだ労働者根性を徹底的に洗い流す必要がある。

ではどうやったら人生の意味を「生存」から「創造」へと転換できるかと言った

ら、一つの方法は**ニートとして1〜2年、名実ともに生産を放棄する期間を設けることだ**と思っている。

最初は慣れないだろう。ニート初心者がせいぜいできるのは単純な暇つぶしである。つまり、2ちゃんねるや仮想通貨取引、漫画喫茶などである。

だがそれらの世界に身を置いていると、そのうち禁断症状が出てくる。どうしても社会復帰したくなる。食えないからではない。生きる意味を見出せないからだ。

辛いかもしれないが、この期間を耐えながら、従来の社会の指標ではなく、**自分だけの指標を設計しなければならない**。最初は単純なものでいい。ナイキプラスでジョギングの記録をし、クックパッドのマイフォルダ機能で作ったレシピを増やし続け、農園を作り野菜を育て、収穫を記録すること。グーグルマップを使って自分が旅した場所に星マークをつけていくこと。

小さな記録が小さな達成感を生み、成長を促す。少しずつ大きくて社会的な目標が生まれ、「じゃあ、人に貢献してみよう」と思えるようになる。貢献をお金に変換するということができるようになる。それが新しい時代の仕事の方法である。

それを続けていれば、仕事と仕事を組み合わせてさらに大きな価値を生み出すシステムを創り始めるだろう。それがビジネス創造である。そして**「仕事は遊び。ビジネスは価値と信用を創造するゲームにすぎない」**と悟るときがきたら、ようやく**パラダイムシフトが完了した証**である。

正直なところ、私は2020年頃までは遊んで寝て暮らせばいいと思っている。なぜなら先述した通り、2022年からはルールがガラッと変わるからだ。本章の最初に述べたように、仕事は労働から貢献へと変わる。だがそれは個人が活躍する時代とは違う。莫大に稼ぐ個人やスターなどどうでもいい。

この原稿を書いている間に、日産・ルノー会長のカルロス・ゴーン氏が逮捕された。カリスマの凋落《ちょうらく》である。**個人の時代は終わり、これからは個性の時代である。個性と個性をパズルのピースのように組み合わせる作業によって全体を構成していく。**そしてそれを共同体の中で行っていく。それが仕事における変化である。

大事なことだから再度書く。まず個人（自分）のことは忘れよ、そして個性を見出せ。そして**業界を、地域を、国境を、会社組織を超えて、各々の個性（天才性）を組み合わせよ。**そうすれば大きな貢献が生まれるだろう。

# 個人から「関係」にシフトする

## 個人と個性は切り離される

最後に、自分、つまりあなた自身の変化の本質について語ることとする。

普段、「自分とは何か？」を考えている人は少ない。自分とは「個人」であり、個人とは、身体と身につけている洋服のことだと思っているだろう。洋服や身だしなみを気にすることからも、それがわかる。これから起こる変化とは、自分という概念の逆転現象である。先に答えを書くならば、自分とは肉体でも個体でもない。人と人との間にある意識のことである。これまでは「人間」と書いて、〝人〟間であった。しかし人（個人）は主役ではなくなる。「人間」と書いて人〝間〟が正しい。**人から間へのシフトである。そのため個人と個性を切り離さなければならない。個人から関係へのシフト、それこそが２０２１年以降の最大の変化**である。順を追って説明しよう。

## 個性と社会性の交点を探せ

数年前にあるバラエティ番組で若手女優が、テレビ局の照明スタッフについて「どうして照明さんになろうと思ったんだろう」とコメントしてネットで炎上したことがあった。しかし世の中の照明スタッフで「照明スタッフになるために生まれてきた」と自信を持って言える人は多くはいないはずだ。やりたくないことでもやらないといけない局面もあるだろう。

たとえば地方に住んでいる中卒や高卒の女子が自活していかないといけないとしたら、飲食店でバイトするか、介護職につくといった選択肢くらいしかない。

なぜこうなってしまったのかと言えば、それは**お金という数字によって社会でのコミュニケーションが一元化すると、人間の個性と社会の多様性が奪われていく**からだ。

たしかに人類にとってお金は最大の発明だった。そのお金の目的は社会的コミュニケーションの徹底的な効率化であり、逆にその問題の本質は個性の喪失である。

お金は誰でもわかるというその汎用性の強さをもって社会性を拡張した。だが人間は社会性だけでは生き残れない。お金の持つ強すぎる汎用力は、個性や心を犠牲にした。それが私たちが潜在的にお金を嫌う理由である。個性の喪失はアイデンティティの喪失につながると恐れるからだ。

人類史を振り返れば「個性」と「社会性」という相反する特性をミックスしたからこそ生物界のトップに君臨できたとわかる。人間はイナゴの大群ではない。人間とは個性と社会性という一見相反する要素を両立させることを生存戦略とした生物なのだ。しかしお金は、個体が持つ有機的な価値を減じた。

ではどうすれば良いのか？　答えは**各人の個性の復権**である。

今、改めてモンテッソーリ教育やシュタイナー教育が流行っている。子どもがいる私の友人の多くも、少し前までは「お受験だ」と言っていたのが、こぞってモンテッソーリ教育のスクールやＮＰＯに通わせている。個性を伸ばすことが重要だと考えているからだ。

フェイスブックのマーク・ザッカーバーグ氏やグーグルのセルゲイ・ブリン氏が幼少期にこの教育を受けたという事実からくるプロモーション効果も多少あると思うが、やはり「子どもたちには天真爛漫《てんしんらんまん》に好きなことをやらせたほうがいいのではないか？」という親が増えているからではないだろうか。

**モンテッソーリ教育は、単一価値観に覆われた社会で失われつつある個性を取り戻し、生物としての強みを取り戻すための反作用になっている。**

今後は教育も子どもの天才性を見抜き、伸ばすような流れに舵を切るだろう。

ちなみに教育（エデュケーション）という言葉はラテン語の〝ＥＤＵＣＯ〟から転化したもので、人間の内部にもともと備わっている才能を「引き出す」という意味である。しかし、私たちが受けてきた教育（ラーニング）の多くの部分は、知識の伝授に焦点が置かれており、自ら考え、答えを引き出す力を鍛えてこなかった。ただ引き出す力は鍛えれば身につくようになる。人間に本来備わっている能力を引き出すことは、生物多様性を考えれば当然のことである。

## 幸福の半分は天才性に気づいているかどうかで決まる

個性は信用主義社会においては「天才性」という言葉に置き換えられる。

私は常々、人生の幸福を決める要素の50％は自分の天才性に気づき、それを発揮しているかどうかだと思っている。残りの半分は人によっては快楽かもしれないし、安らぎかもしれないし、アドレナリンかもしれないが、少なくとも**50％は「天職」に就けているかどうか**だと思うのだ。

冲方丁《うぶかたとう》の『天地明察《てんちめいさつ》』（角川文庫）という小説がある。江戸時代前期の天文暦学者、渋川春海《しぶかわはるみ》が数学や天文学とひたすら格闘し失敗を続けながらも、最後には暦を作るというストーリーだ。

この小説の冒頭は、「幸福だった。」という1行から始まる。ことごとく失敗をくり返した人生だったが、幸福だったと。それは渋川春海が数学や天文学という自分の得意な世界で天才性を発揮し続けることができたからである。

もし就職や転職を考えている人がいたら、**自分が果たして何を得意としているの**

**か、自己分析に徹底的に時間をかけるべき**だ。

私は先にも書いたように事業家として事業を興し、売却したが、事業を行うことと FX をすることはいずれも基本的にギャンブルである。でも違いはある。それは自分の天才性を含む「凹凸」という個性に着目し、多少なりとも他者よりも優位な状態で戦ったことにある。事業や仕事でも当然、運の要素は強いが、それでもやはり**自分の凹凸に当てはめたほうが単純に勝率は高くなる**。

一つひとつ読み解いていけば、必ず原石はある。それを見えづらくしているのは貨幣経済やタテ社会という重石《おもし》だが、すでに述べたように社会については及第点をとっておけば良い。

## 若いうちに様々な経験をする

先ほどいち早く天才性に気づけと書いたが、逆に言えば自分の天才性に気づくまでは安易に社会に出てはいけない（もし安易に出てしまったら一度、社会から逃げて考えても良い）。特に日本では新卒の価値が高いので、できるだけ長く大学に留まりながら色々な経験をしたほうがいい。**天才性に気づく前に社会に出てしまうと信用力を稼ぐ原資もないまま、ただただＡＩとロボットにこき使われるだけ**である。年齢は関係ない。私自身、いつだって自分はどこに取り柄があるのか、毎日探している。

アマゾンの倉庫ではかつて商品をピッキングしていた人たちがロボットにそのポジションを奪われた。今その人たちは、自分の仕事を奪ったロボットが正しく安全に動作しているかどうかの監視をしているという。しかし当たり前だが監視はロボットの得意分野であり、近い将来、その仕事も奪われる運命にある。

ヨーロッパやアメリカでは新卒チケットというものがないので、大学を出てから世界を旅したり、ＮＰＯなどで社会経験や実績を積んで25～28歳くらいで就職したりするパターンが一般的だ。

一方の日本では、一括採用文化の影響で自分の天才性に気づいていないのに就職してしまい、イメージとのギャップやモチベーションの維持に苦しむ人が絶えない。

ただ、こうした画一的な就職観はだいぶ変わりつつある。

私の会社で働くインターンを見ても、大学を休学して海外や企業で経験を積んだり、大学院に行ったりしながら20代後半でようやくどこかに腰を据えるというケースが目立つようになっている。

また、私の実兄が運営している日本人学生向けの海外ビジネスインターンシップ事業（武者修行プログラム）でも、在学中に海外でのビジネスを経験したいという志の高い学生が毎年1000人以上集まる。

こうした自由度の高いキャリアの作り方も、今後は普通のことになっていく。「やりたいことがわからないならとりあえず働け」という正社員至上主義論や、「天職を探し続けても見つからない。やり続けたら天職になる」という天職昇華論は、あくまでも従来のタテ社会のロジックである。

私は大学を卒業するまでにアルバイトを含め、20種類の仕事を経験した。工場のラインにも立ったし、引越し作業を終えた足で外資系金融のきらびやかなオフィスに出勤するようなこともあった。

当時は自分の不遇を嘆いたものだが、そうやって10代のうちから色々なことを経験していると、自己分析が苦手な人であっても自分の向き不向きは自ずと見えてくるものだ。だから社会に出るタイミングで少なくとも自分の得意なことを活かせるだろうという確信はあった。

60億人のワンオブゼムになるか、何かの分野のオンリーワンになるか。それを社会に出る前にある程度見極めておくことが大事である。

## 天才性は細部に宿る

自分の個性（天才性）はできるだけ微細なレベルで知っておく必要がある。

「自分は電通に合っていそうだ」といった「企業レベル」の話でも当然ないし、「広告業に向いているかもしれない」といった「業種レベル」でもない。または「英会話が得意」と言った「スキルレベル」でもない。

**天才性とはもっと微細で、深いレベルの自分の強みのこと**である。

たとえば接客が得意な人であっても、接客を要素分解していけば色々な強みが考えられる。

中には相手のマイクロ・エクスプレッション（微表情）を見逃さないことに関して卓越した能力を持っている天才もいるだろう。そのような才能を持っているなら接客にこだわる必要などなく、ＦＢＩ捜査官や税関職員になるという選択肢が出てきてもいいはずだ。

このように**自分の武器が微細であるほど、様々な選択肢への応用力が増す。**

私は思考力という武器を持っていて、それを活かせる領域としてＭ＆Ａ（企業分析）があった。周囲の人から「なぜ今はＭ＆Ａをやらないんですか？」と、さも人生の方向性を変えた人のように言われても困ってしまう。

思考力を活かせる局面はＭ＆Ａ以外にいくらでもあり、投資でもいいし、研究でもいいし、起業でもいい。

ただ、微細ということは知覚しがたいことでもある。

それに気づく最も効果的な方法は、**自信を持つこと**だ。「自分には絶対に何かしらの取り柄がある」と信じることができれば、短い時間でそれを見つけることができる。ただ、これも言うは易しで、よほどいい人たちに恵まれないと自信を持つことはなかなかできない。

そうなると現実的な方法としては、周囲からのフィードバックをどれだけ受けられるかだ。

**あなたが普段周りからよく褒められる要素は、まぎれもなく天才性のヒント**となると言っていい。

中でも、ジョハリの窓論が指摘するように「自分が知らない自分の姿」を知っていき、盲点の窓（blind self）を狭くしていくことで、自分の強みと弱みはより浮き彫りになっていく。

読者の中には、この本を自分の子どもの教育指針の参考として読んでいる人もいるだろう。そうした人にはぜひ、子どもの日々の行動を注意深く観察し、できるだけ肯定的なフィードバックを与え続けてもらいたいと思う。

たとえば子どもがダンス教室でいつも先生から褒められているとしても、「じゃあ将来はダンサーかな」とすぐに判断するのではなく、柔軟性、体幹、リズム感など、ダンスの要素を分解してみる。ダンスだけではメッシュが粗すぎるからである。その結果、子どもの天才性は表現力にあると気づいたら、それをしっかりフィードバックしてあげるのだ。

私は子どもの頃、絵を描くことが好きだった。将来は美大に行ってデザインかアートの仕事をしたいと思っていた。自分としては絵を描くとき、線を取ることが一番得意だと思っていたのだが、ある日、父親から「お前は色使いがうまいな」と言われたことがある。「あ、そうなんだ。でもそうかもな」と思うようになって、その後は着色するときに色使いをそれまで以上に意識するようになった。数多くの色の種類を記憶し、絵の具を増やしていった。カラフルな色使いはキャンバスをやがて超え、自分が起業してはじめて作った企業の状態を可視化するサービスに反映されて評価された。

父親がどこまで意識してその言葉をかけてくれたのかはわからない。そのフィードバックが正しかったかどうかもわからない。ただ、そうした些細な言葉がその後の私の意識の向き先を少し変えたことは事実だし、絵一つをとっても人の強みは何百個もあるということである。

だから色々な仕事を経験するのと同じ理屈で、**子どもの頃は親の先入観に囚われず、色々なことを経験させてみることが大事**だと思う。そのほうが汎用的な武器を見出しやすい。

自分には天才性などないとあきらめる人もいるだろうが、この世界にスーパーマンは存在しないし、存在してはならない。**人間とは常に自分のわずかな個性を際立たせ、人と分かち合い、互いに分業することで繁栄していくことを生存戦略とした生物種**だからである。お金の形態が変わろうが、お金自体がなくなろうが、それは変わらない。

よって大切なことは「自分とは何か?」という定義を深めていくこと。そして、新たに定義した自分を広く世界と分かち合っていくこと。それはつまり、自我を弱めつつ、同時に、自分自身が外に向けてのインスピレーターたることだ。

スペシャルな存在を目指すのではなく、**ユニークな存在を目指そう。**

本当に、夢がない、やりたいことがない、何をすればいいかわからないなら、とりあえず今は宇宙飛行士を目指せばいい。もちろん冗談ではない。

宇宙飛行士になれる条件は母国語を含めた2ヵ国語を話せること、理学部、工学部など自然科学系の大学卒業資格、自然科学系分野での実務経験（3年以上）、利他性や柔軟性といった性格の良さ、健康な心身、ユーモアがあることなど、地球上で存在するあらゆる職業の中で最もオールラウンドなスペックが求められる職業だ。

しかも、2040年には宇宙飛行士になるハードルは人口の1%まで下がると予測されている。実際に宇宙飛行士になることはないかもしれないが、やりたいことが何も思いつかないなら、地球一のハイスペックを目指せば、社会がどう変化しようと必ず仕事はあるということだ。何もしないよりはよほどいい。

## すべての分野で「微成長」を楽しむ

宇宙飛行士のようなオールラウンダーは極端だとしても、あらゆる分野で微成長をしていく人生は純粋に楽しい。

運動が得意だから運動以外のことにリミットを設けるような生き方ではなく、**「何でもできる」「何でもやってみよう」という姿勢が大事**である。

たとえば本業で英語を一切使わない人が、英語を勉強することを「無駄だ」「生産性が悪い」などと批判する姿が散見されるが、それは完全にロボットの発想である。趣味として言語を習得することは自由だし、生産性という文脈でも、英語を勉強することでキャリア選択の幅も増えるだろうし、会社以外のネットワークも広がるだろうし、休日にインバウンドの旅行者向けのボランティアガイドをして日本の良さを伝えるといった形で社会に価値をもたらすこともできるだろう。

しかも今はテクノロジーが発展したおかげで、はじめてのことでも成果が出やすい環境が増えている。外国語を習得したいならSkypeでレッスンが受けられるし、動画制作に興味があればスマホ1台で撮影から編集、公開までできるし、農業に興味があれば農家体験ツアーなどいくらでもあるし、知識を得たいならグーグルで論文も読める。

要は**最初に「やりたい」と思ったときの最初の一歩のハードルが低くなっている**ということだ。

だったら興味を持ったことを片っ端からやればいいと思っている。ダイエットでも筋トレでもアラビア語でも美女・イケメン化計画でも地域復興でもMBAでも何でもいい。

ちなみに私は40代前半だが、今、自分の健康リテラシー向上のために医学部を受験しようか、お金を介さない経済の効率性を証明するために大学院に戻って高等数学を学ぶか迷っている最中である。

**何か新しいことを学びたいと思ったときこそが勉強を始める最適なタイミング**

だ。特にこれからはエージレスな時代となり、「何歳だから何をしてはおかしい」といった社会通念はどんどん破壊されていく。いったん社会に出ても一つのレールに乗り続ける必要はない。人間は死ぬまで勉強。早い遅いも、勝ち負けも、成功も失敗もない。以前、「中学3年生の30％は小学4年生の算数を理解していない」という記事があったが、何の問題もない。中学3年生の授業で小学4年生の算数を教えればいい。年齢で学習項目を区切ることは、昭和の発想だ。

しかし、すべてのことで微成長していくためには当然時間がかかる。よって時間マネジメントが必要であることは先ほど述べた通りだが、ここでもメタ思考で本質を考えると、もっと大事なことは**「学び方を学ぶこと」**であると気づくだろう。

何か新しいことを習得する、もしくは実現するための「正しい学び方」とは、簡単に言えば**ＰＤＣＡを回す力**である。ＰＤＣＡは趣味でも何でも使える。「冷え取りのＰＤＣＡ」でも構わない。全体像を描いたら細切れにして、解決策を推論して、少し実践してみて、うまくいったと思ったらそこをもっと掘り下げる。

こうしたＰＤＣＡを当たり前のように回せるようになることが重要である。

## 天才性の拠り所となる4つの領域

21世紀に求められるリテラシー、つまり天才性の拠り所は、4象限に分けられる。

・ロジックや構造化を司る「算数」
・自然との調和を司る「理科」
・コミュニケーションを司る「国語」
・真善美の追求や創造を司る「社会（哲学）」

縦軸が「算数」と「理科」で、横軸は「国語」と「社会（哲学）」だ。それぞれ「天」と「地」。「愛」と「悟」とも表現できる。実際には4方向にきっぱり分かれることはなく、360度の世界である（227ページの図43）。

この2軸の中心にいるのが自分の肉体。だからどの方向を極めるにしても、その人の稼働時間を延ばし、コンディションを高めるには健康科学が欠かせない。アスリートたちはこの肉体に徹底的に焦点を当て、その天才性を引き出している。

## 1　算数

「算数」の領域はわかりやすい。数学やエンジニアリング、論理性など、完全な数字の世界だ。宇宙開発やＡＩなどの技術的イノベーションを起こす人たちはこの領域が圧倒的に強い。

## 2　社会（哲学）

私が主戦場としているのが「社会（哲学）」の領域。都心部のエリートの多くは「算数」を得意とするが（ロジックや構造化）、それだけではなく有機化と再統合という価値創造のレベルまで持っていけることが理想だ。この領域には霊性やスピリチュアルの世界も含まれる。具体的に言えば宗教やヨガ、マインドフルネスである。アートもここに該当する。人間の理想である真善美という本質を見抜き、人間を介してそれを投象することをアートと言う。

## 3　理科

## 図43　21世紀のリテラシーの4領域

・人は、意識の焦点を外側４つ（国語・算数・理科・社会〈哲学〉）に当てることで成熟する
・「自分は純粋な意識体」である、という認識を持って生きていく

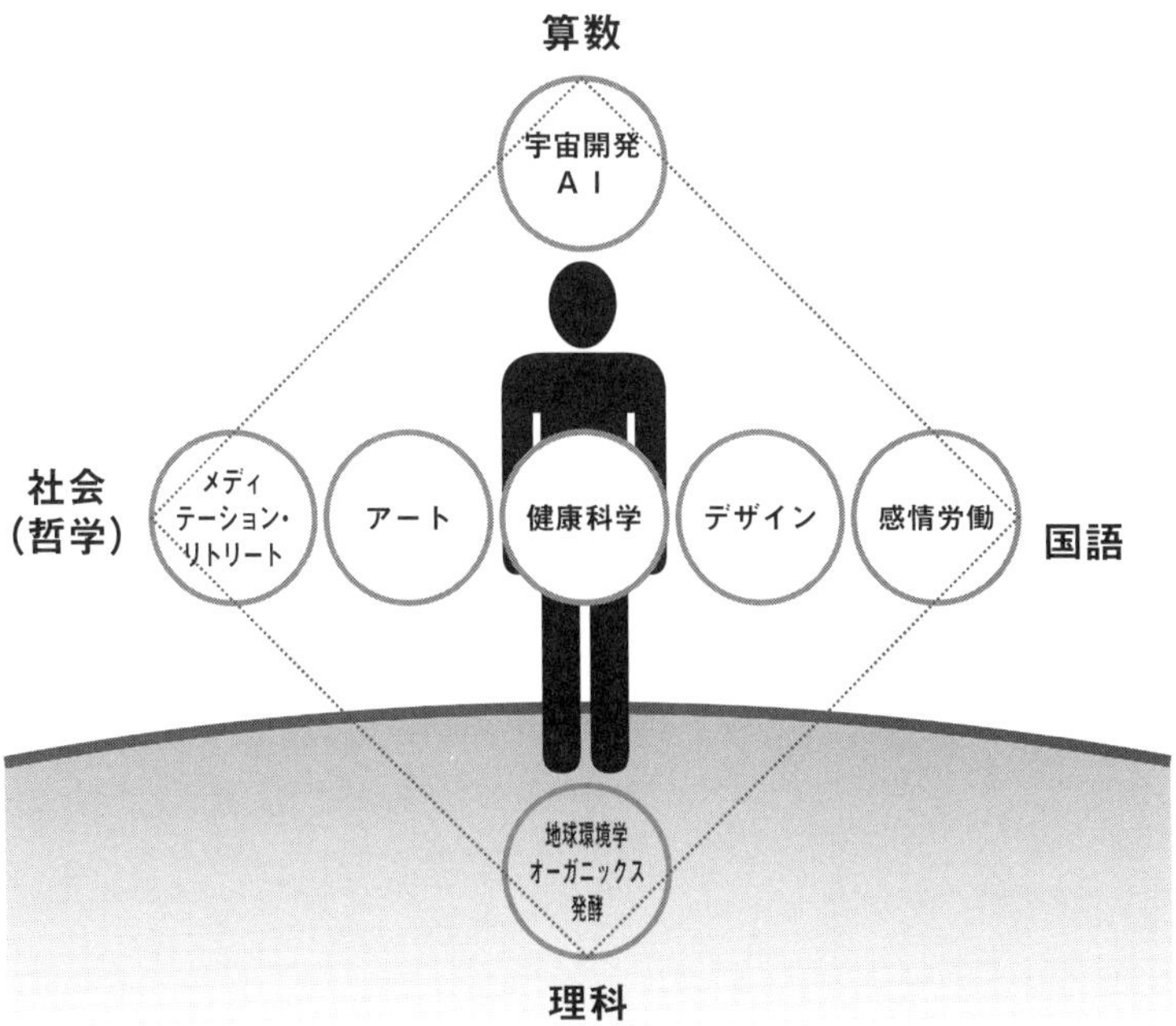

「理科」とは「理《ことわり》」の領域で、大地とともに生きていくタオイズム（道の哲学）の世界。わかりやすく言えば、映画監督の宮崎駿《みやざきはやお》氏が描くナウシカのような生き方。現代では天然素材やオーガニックにこだわるロハス系の人たちや、休日にアウトドアや土いじりを楽しむ人たちのことだ。

## 4 国語

「国語」とは愛の世界だ。学ぶ領域としては仕事論やコミュニケーション論、コミュニティ論、デザイン思考など。職業として接客や営業などの感情労働やデザイナー、コーチ、ライターなどがいる。

人は意識の焦点をこれら4方向に当てることで成熟していくものである。

こうした意識論に立って天才性を改めて定義すると、**ある人の天才性とは、普段は肉体（図で言うと中心）に向かいがちな意識の重力がビクともしない分野のこと**だ。そこがその人の得意分野であり、信用力の源泉になる。

「ここだったら自分は飛べる！」という領域をできるだけ早いうちに発見するこ

と。それが今後の社会で幸せに生きていく最初の一歩となるだろう。

幸運なことにそれにいち早く気づけたら、それを伸ばしたり、活かしたりする環境を選ぶことで成果も出せる。その結果、信用も上がるし、引く手数多《あまた》になればコミュニティの鞍替えも容易にできる。楽になれるうえに、自由にもなれるのだ。

## 自分（私）とは何か？ ～個人は主役ではない～

今までの私たちの世界観は、常に「個人」を前提にしてきた。どんな議論でも個人の成功、幸せ、権利、個人対個人の取引などが当たり前だった。

一方で全く違う哲学観が浮上してきた。「そもそも私たちはどこにアイデンティティを置くのか」という問題である。自分とは何かという自意識が「個人」から「個性」と「個性」をつなぎ合わせた他者との「関係」に少しずつズレつつある。

人間は物質としての生物だが、それだけをもって生命とは呼べない。関係、つまり個人と個人の間にあるものが生命である。

たとえば親と子、恋人同士の「間」にある愛情が生命を育む。そこでは個体など意味がない。親や恋人を思い出してみよう。そこに出てくるのは相手の顔や形といった造形ではなく、その笑顔といった表情や思い出のエピソードのほうであろう。人は人を見ているのではない。**人と人の間に紡ぎ上げた意識の通わせ合い、つまり関係、思い出を見ている**のである。それこそが生命である。自分という生命を規定するのは、肉体を持つ個体ではなく、むしろドーナッツ型につながる小さな周辺のことである。それは友人であり、家族であり、社会的な立ち位置であって、そのように考えていくと、独立した個としての輪郭は少しずつぼやけていく。

16世紀に天文学者のコペルニクスが登場するまで、1500年という長きにわたって人々は「地球の周りを太陽が動いている」と信じてきた。現代ではその説を信じる人は誰もいないが、この現代においてもほとんどすべての人が自分とは肉体とその周りの意識の一部、つまり「五感を中心としたセンサーが認識できる極めて限定的な領域」のことだと信じ切っている。これは大きな勘違いである。

本当の自分というものは「世界」、狭義で言えば「環境」のことである。

「個人」という言葉はそもそも意識の境界を便宜的に表現したものにすぎない。すなわち住む場所や付き合う人々、もしくは部屋の状態や食するモノもすべて自分であり、すべて有機的につながっている。多くの人が「自分」だと思っているものは、その「結果」だ。

ただ、自分という存在を社会から切り離し、矮小化してしまうのも無理はない。なぜなら現代の社会システムが個人とその権利を中心に設計されているからだ。所有の概念や民主主義がその典型である。そしてお金は生命というつながりと物語を漂白し、個人と個人を断絶してきた。テクノロジーやデバイスも同様だ。

しかし、意識の焦点を広く、深く広げてみれば、世界があって自分がその一部にあるのではなく、**自分が世界を創っていてたまたま一つの個体に意識を向けているというように意識を転換できるはずだ**。本来の人間にはその認知能力があるはずだし、空気を読める日本人ならきっとできる。

自分という定義をわずかでも広範囲に認知でき、「結果」としての自分を作った「原因」とのつながりを意識できたとき、変えるべきは自分ではなく環境であり、整えるべきは服ではなく部屋であり、慮《おもんぱか》るべきは自己ではなく目の前にいる他者であることに気がつくだろう。きっとあなたの人生はすべてが変わり、好転していくはずだ。

第3章の最初にお金をテーマに取り上げたが、将来お金がない未来が訪れたなら、それは個人の境界がなくなった世界である。

近代では個人の権利や所有を前提に私たちは生きてきたし、アイデンティティもそこにあった。しかし**「関係こそが生命の本質である」**と前提が変化した時代には、価値はつながりや物語そのものになる。その世界では今の貨幣のような数字で文脈を分断するお金などのツールは意味を持たず消滅する。そのときがお金という概念のなくなる日である。

## 個体から生命へ

第3章はこれから、いやすでに起こっていることの変化の本質について述べた。結局のところ、すべての分野でパラダイムがひっくり返ることになる。それは一言で言えば、**無機的な世界から生命という有機的本質に回帰すること**である。

**個体と個体の間に漂う生命が主役になる。**その主役たる生命を害するものは徐々に排除されていく。お金（数字）から信用への回帰、文脈保全のコミュニケーションツールである記帳や時間主義経済の台頭、画一的な価値観を押し付ける強い同調圧力を持つ社会の崩壊と生命を育むコミュニティの台頭、経済においてはモノ・コト経済から関係経済（ピア・エコノミー）にシフトすることによって、仕事の性質は人の機微を感じること、人と人の関係を育むための機会やツールの創造へと変わる。**人は濃厚な意識の交流こそ健康と幸福の源泉であると再発見するようになる**だろう。

2020年からの変化の本質で見えてくることは、孤独という最大の災害をなくすための「所属の人権化」、マルチコミュニティや関係経済（ピア経済）が中心になったときに価値観で人がつながっていくという「意識の階層化」、そして再三書いてきた「個人の崩壊」、最後には自分という概念が世界やコミュニティに溶け去っていくという「自己の拡張」であろう（次ページの図44）。

## 図44　2020年前後の変化のまとめ

**20世紀、2020年までとそれ以降で欲求の対象が生存、承認、自己実現になり、財(製品)は「モノ」から「コト」、「ピア」へとシフトする**

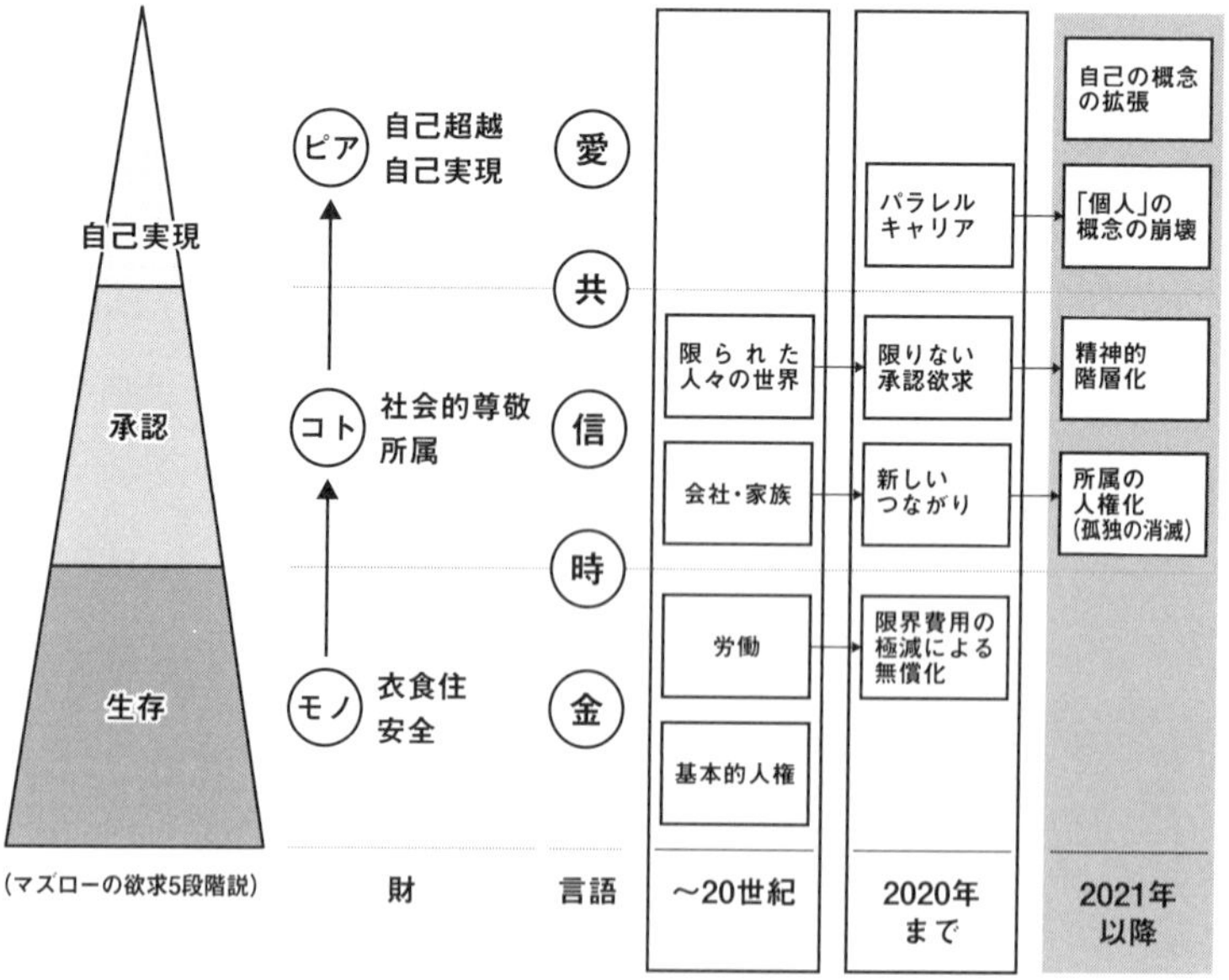


※共は「共有」信は「信用」時は「時間」を指す

# おわりに

本書は私が22歳のときに書き始めた「本質思考論」という原稿を現代に合わせて書き直したものである。思考は私の価値の源泉である。思考によって私はキャリアを築いた。そこで最後に、自己紹介を兼ねて私の原点を紹介したい。

私の思考家としての原点は父親にある。大手メーカーで全共闘の闘士として戦い、40代半ばで退職して精密機器工場を営んでいた父親は、とにかく考える人だった。一緒に釣りに行くといつも「人間は考える葦である」というパスカルの言葉をよく口にしていた。人間とは広大な宇宙と比べれば小さな葦にすぎないが、人間にはその宇宙より大きなものを考える力がある、という意味である。

昨今のＡＩ恐怖論に触れるたびに、私はこの言葉を思い出す。ＡＩは計算するだけにすぎないが、人間は考えることができると思うと勇気が出る。

父親は「勉強をしろ」とか「いい成績を取れ」と言わない代わりに、「常に考えろ」と言い続けた。だから勉強はろくにしなかった。

お金がなかったのか単なる方針からか、我が家では小遣いもほぼなければ当然ファミコンもなかった。ただパソコンだけはあったので、私たち兄弟は自分たちでプログラミングを学んでオリジナルのゲームを作った。山口家では15歳になると基本的な扶養義務は終了したものとされたため、高校時代はバイトと部活の両立に明け暮れた。端的に言えば「自ら創造しなさい」という教育方針だったのだろう。

私が育った神奈川県県央地区は、漫画『湘南爆走族』のモデルにもなった地域である。「マイルド」がつかないヤンキー（不良）と登校拒否生徒と普通の子が3分の1ずつくらい。当時はそれが普通だった。校舎中のトイレにドアがなくても、蛇口がすべて曲げられていても、教頭の乗用車が畑に捨てられていても「そんなものか」と思っていた。映画「マッドマックス」や「北斗の拳」の世界である。

当時の私の役割は先生と不良と登校拒否児の橋渡し役だ。平日の朝はヤクルトレディのごとく登校拒否児の家を回り登校を促し、修学旅行では不良たちのために一晩中麻雀に付き合った。点数計算ができるのが私しかいなかったからだ。

母は積極的な性格で、私が中学生になってから大学に行き、卒業後は単身日本語教師としてニュージーランドに赴任した。町内会のゴミ当番や家事も当然日本に残されたこちらに回ってきた。閉塞感のある地方都市に取り残された私は高校を卒業すると釣りに明け暮れて日々をのんびり過ごしていた。小・中学校の友達はこの町でそれぞれ職を見つけていたし、人間関係は心地良かった。

転機となったのは、大学への進学だ。父の友人が都内の予備校講師をしており、私を授業料免除で入学させてくれた。それによって私はいわゆる受験勉強というものを本格的にすることになり、晴れて予備校と同じ名前のついた大学に入学することになった。大学では要領と人間関係を学び、世界は広がった。人間は環境の奴隷であると、このとき知った。

居を構えた品川の植本荘は家賃3万円。4畳半で風呂なし。トイレと玄関は共同だった。シェアハウスの走りと言えば聞こえが良いが、私のルームメイトの大半は外国人ばかり。玄関に革靴を置いていたのは私だけ。隣の駐車場の料金は3万5000円だったので、「自分は停まっているカローラ以下か」とぼんやり考えていた。

父親があれだけ嫌っていた資本主義の道に進んだわけだが、奨学金を返すためには仕方のない選択だった。お金こそなかったが、幸せだった。

幸せとは物量のことではなく一体性のことである。人と心がつながったとき、もしくは期待と実態が一致しているとき、人は幸福を感じられる。安くて狭い4畳半だったが、私の期待はそれ以下だったということだ。

今は、努力して成果を挙げる能力より、最小限の力で効率的に成果を挙げる「コスパ力」が求められている時代である。そして、あと少ししたら努力もコスパも意識せず、今あるもので満足する「期待値コントロール力」が主流の時代になる。

そのためにも、SNSをやめることだ。人間の不幸には2種類あると誰かが言っている。一つは「自分に降りかかる不幸」で、「もう一つは他人に降りかかる幸福」である。SNSはこの2番目の不幸を誘う。

先述したパスカルの言葉にあるように、考えることは人にしかできない仕事であり、長く続けられる仕事でもある。本書を通してそれが少しでも伝われば幸いである。未来をどうデザインするかは、あなた次第だ。

山口揚平

**山口揚平**（やまぐち・ようへい）

事業家・思想家。早稲田大学政治経済学部卒・東京大学大学院修士（社会情報学修士）。専門は貨幣論、情報化社会論。

1990年代より大手外資系コンサルティング会社でM＆Aに従事し、カネボウやダイエーなどの企業再生に携わったあと、30歳で独立・起業。劇団経営、海外ビジネス研修プログラム事業をはじめとする複数の事業、会社を運営するかたわら、執筆・講演活動を行っている。NHK「ニッポンのジレンマ」をはじめ、メディア出演多数。

著書に、『知ってそうで知らなかったほんとうの株のしくみ』（PHP文庫）、『デューデリジェンスのプロが教える 企業分析力養成講座』（日本実業出版社）、『そろそろ会社辞めようかなと思っている人に、一人でも食べていける知識をシェアしようじゃないか』（KADOKAWA）、『なぜゴッホは貧乏で、ピカソは金持ちだったのか？』（ダイヤモンド社）、『10年後世界が壊れても、君が生き残るために今、身につけるべきこと』（SBクリエイティブ）、『新しい時代のお金の教科書』（ちくまプリマー新書）などがある。

# 1日3時間だけ働いて
# おだやかに暮らすための思考法

2019年3月 1 日　　第1刷発行
2019年5月12日　　第4刷発行

著　者　山口揚平
発行者　長坂嘉昭
発行所　株式会社プレジデント社
〒102-8641
東京都千代田区平河町2-16-1
平河町森タワー13階
http://president.jp　　http://str.president.co.jp/str/
電話　編集（03）3237-3732
　　　販売（03）3237-3731

装　丁　　小口翔平＋岩永香穂（tobufune）
DTP　　横内俊彦（ビジネスリンク）
構　成　　郷 和貴
編　集　　渡邉 崇、大島永理乃
販　売　　桂木栄一　高橋 徹　川井田美景　森田 巌　末吉秀樹
制　作　　関 結香
校　正　　玄冬書林　篠原亜紀子
印刷・製本　萩原印刷株式会社


ISBN978-4-8334-2313-7
Printed in Japan
落丁・乱丁本はおとりかえいたします。上記発行所にご送付ください。